我把萬人
送到生命彼岸

一個法國醫生以催眠引領眾人，
前往靈界的療癒之旅

J'AI ENVOYÉ
10,000 PERSONNES
DANS L'AU-DELÀ

DR. JEAN-JACQUES
CHARBONIER

尚賈克・夏博尼——著　黃琪雯——譯

致台灣讀者

很高興《我把萬人送到生命彼岸》能遠渡重洋到台灣與您見面。

我希望這本書帶給台灣讀者的慰藉，能如同帶給法國人那般地巨大。它尤其為人稱道的，是對於面臨死亡的焦慮與喪逝之痛，具有很大的安撫之效。

催眠通靈是一種相當個人化的經驗。不同的宗教、不同的文化，對於催眠通靈就有不同的敘述。

雖然背景不同體驗便有不同，但是我們仍然可以發現，催眠通靈的經驗卻是一致的。

然而，這沒什麼好訝異的。事實上，一個台灣人、一個愛斯基摩人和一個英國人到巴黎觀光，他們對於這座城市會做出三種不同的敘述，而我們最後仍會發現他們造訪的是同一座城市。

催眠通靈也一樣。

我們是在收集了超過一萬名參與者的心得，確認了這一點；像是佛教徒與基督教徒的催眠通靈體驗互有出入，但是卻同樣令人感動。

其實，我很希望能有機會與我的工作團隊一起到亞洲，舉行以催眠通靈為主題的活動。讓那遙遠國度的人們，也能嘗試這種獨一無二的體驗。

原本這個期望會在二〇二一年實現，然而最後因為新冠肺炎蔓延，我和我的工作團隊只好取消前往日本的計劃。

我們接下來也計劃於二〇二二年前往峇里島，舉辦為期十天的活動。

然而如今，一切只有期願這場全人類的災難儘速平息。也希望我們能很快在亞洲見面。

在此獻上我的祝福！

尚賈克・夏博尼

目錄

本書所有見證皆屬真實；係當事人於會面時，透過口說或是透過文字，親自向我敘述。其中大部分的人並未匿名。

所有於本書揭露的身分皆獲當事人書面同意。

我非常感謝這些人有勇氣接受自己的體驗以這種方式出版，畢竟將自己的親身經歷公開並不容易，而將這種不屬於主流思維的不可思議之事公諸於世，更非易事。我由衷感激他們願意冒這個風險。

此書所使用催眠通靈（ＴＣＨ）的方法與操作，皆受智慧財產權之獨家使用保護。

我喜歡邊緣人。不見得是因為他們是邊緣人，
而是把他們排擠至邊緣的人都是混蛋。

——《怪物》（二〇一七出版），傑哈・德巴狄厄

無論您能做什麼，無論您夢想什麼，就開始吧。
勇敢裡面有天才、力量與魔法。

——歌德

1

催眠通靈

這已經變成某種週六早晨的慣例了。

地點是在某座大城市的某間飯店裡，通常是美居飯店、諾富特飯店，偶爾是索菲特酒店，在極少數的情況之下則是鉑爾曼酒店；總之，我們選擇地點的考量，是租借一間鋪有地毯、面積最少有四、五十坪的長方形大會議廳，以便將桌子排成四十幾公尺長的U形，並擺入四十三張扶手椅好讓接受催眠的人使用。而接受這種獨特體驗的人，我們都稱為「催眠通靈參與者」，因為他們將參加的是我定名為「催眠通靈」的活動。

接近八點半的時候，我喝著黑咖啡配上可頌、一碗燕麥或是淋上植物奶的新鮮水果，看著他們走了進來。我細細品味著這個時刻，因為我知道這一天的活動會很晚才結束；等到安排的三場催眠通靈會結束之後，時間大多已經過了半夜（從早上九點半開始第一場，下午三點的第二場緊接在後，而第三場則於晚上八點半準時開始）。

為了觀察走進飯店會議廳的人，又不致於太引人注意，我通常都待在餐廳的某個角落。其實要辨認出參加者很容易；他們會帶一個大袋子，裡頭放著一件被子和一只靠墊。每個人都謹慎遵循透過電子郵件或是電話收到的須知事項，也不忘帶上一張讓自己進入催眠時不會冷到打哆嗦的厚毯子。他們不久前才知道體溫可以每十分鐘掉零點二度，也知道自己即將進入的神祕狀態將持續約一小時二十分鐘之久。靠墊是用來避免脖子疼，因為進行時，他們的肌肉將會完全放鬆，以致於活動結束之後，會覺得頭重得跟掛在一根尼龍線上的西瓜一樣。

這些想要以自己的知覺測試神祕力量的冒險者，需要三個半小時之後，也就是體驗過後，才有資格稱為「催眠通靈參與者」。不過其中有些人已經嘗試過了，所以當天是他們的第二、第三，甚至是第四次體驗。

「催眠通靈」（TCH）這幾個字，是當初我想要以特殊技術實行有些人所謂的靈界溝通時，自然而然出現在我腦海裡的。而既然有人已經提出「儀器輔助通靈」（透過儀器的媒介，像是錄音機、電視螢幕或是電腦，與往生者接觸）這個名詞，那麼對我來說，在催眠的狀況下進行「死後聯繫」，使用「通靈」這個詞也是合情合理。

我喜歡創造一些可望文生義的詞語，像「腦意識分析」（CAC），亦即西方世界所稱之「心智」的東西，是一種由我們的小小神經元不斷發出的巨大隆隆喧鬧聲，阻止我們的直覺意識（CIE）獲取精妙而細微的資訊。

而我取名為「直覺意識」的概念，其實與唯靈論者的「精神」並無太大差異。「假死經驗」（EMP）也是我創造的名詞；我認為當我們提起某些心跳停止、陷入昏迷之人所經歷的神奇體驗，這個詞會比「瀕死經驗」還合適。事實上，我們知道從二〇〇一年三月開始，一個人只要心跳停止短短的十五秒，就會瀕臨死亡。清楚來說，就是這些所有透過自動去顫器、或是其他更複雜的急救手段死裡逃生的人，都認識了死亡；而他們所認識的死亡，並非瀕死，或是臨死（Near Death Experiece或NDE），而是真正的死亡，因為救回一個病人至少需要超過十五秒的時間，尤其是在家或是公路上由救護人員進行急救。

利用催眠通靈與冥想，我們得以令喧鬧不停的腦意識分析訊息沉寂，從而與自己的直覺意識連結。通常當我們要下重大決定時，我們的腦意識分析便會立即啟動，以衡量得失，做出假設，想像行為的後果或是創造錯誤的恐懼，從而找到解決辦法。我們會繞著問題打轉，找不到解決辦法，頭疼不已。

這些想法與反覆思考並非徒勞，因為解決辦法並非在於我們的神經元，而是在神經元之外（extraneuronale）——是的，就在我們的直覺意識裡。

我也是透過冥想而得以做出對人生較好的決定。

當我的腦意識分析對我說：「不，您瘋了嗎，千萬別這麼做！」我的直覺意識則是高喊著相反的意見。

我學到了我們的直覺指引我們的能力，勝過思考與最高效能電腦的邏輯千百倍。

所以我們得循著自己的直覺，信任直覺所傳給我們的不同訊息。

他們為何千里迢迢而來？

隨著時間推移與我的第二杯咖啡逐漸見底，那些未來的催眠通靈參與者行經我面前的腳步越發匆促，想必是擔心遲到或是錯過某些重要的事情。某些人怯生生地走著，有些人則是勉強擠出笑容，試著找到心照不宣的眼神。還有人是手牽著手，雙雙對對而來。有許多的年輕人，也有肯定失去了孩子或是寶寶的三十幾歲父母；而青少年前來參加，就只是為了獲得與高空彈跳一樣驚人的經驗。他們無須自我介紹，我隔著一公里就可以嗅出他們來。

在私密的對話之中，某個參與者希望沖淡當下的沉悶氣氛所說的笑話或是幽默的想法，引發了一陣不安的笑聲。某些人住很遠的地方，甚至真的很遠很遠，是開了好幾個小時的車才來到這裡。很難知道他們紅著雙眼是因為疲累還是最近發生的悲劇。我瞭解他們的期待與恐懼——就算他們知道若想順利體驗，就得不抱有任何特別的期待。大部分的人來到這裡，是為了接觸某個已到另一方的親人；他們恐懼失敗，而這種恐懼無可排除。是的，近來撕裂他們的不幸壓貶了他們的背，但是他們仍然努力想要相信這個世界；他們準備要經歷或許是重大的挫折，也或許是人生中最美的經驗，總之，是一段無論如何都相當重要的時光。

在關於前一千名催眠通靈參與者的研究之中，只有六百六十九人（百分之六十七）認為與一位或數位逝者接觸了。每一場活動所填寫的問卷結果清楚明白，毫無模糊之處。沒有人受騙，也沒有任何保證。「不滿意則退費」的口號在這裡並不適用。雖然如此，儘管眾人皆知有失敗的風險，我們的活動依然獲得前所未有的成功。每個月月初，我們會於半夜十二點開放販售次月十二場活動的門票，而五百一十六個座位大部分在幾個小時之內便已售出。有些人甚至會設定夜間鬧鐘喚醒他們在日出前搶到票。

這種迷戀經由社交網路與口耳相傳而擴大，並促使我繼續冒險。而那些阻止催眠通靈的圈套與卑鄙手段從來不缺，首先就從傳統媒體的必要審查開始——這不是妄想，而是事實。

我感覺得到那些有證照的人與嫉妒的人手指扣著扳機，以槍管指著我的頭。到現在我還能夠避開所有的子彈，可是能避到何時呢？儘管我已極力低調，但他人的妒忌還是讓我受到注意。好吧，說妒忌我能夠理解，畢竟這是人的正常反應，但那些擁有證照的人怎麼說？那些以某個權威或是現行制度之名對我出手的人呢？他們為何如此氣我？為何要採取這一連串的動作以阻擋一種能帶給人許多好處的技術？儘管會有人這麼中傷我說：「催眠通靈就是一種讓施行者致富的不正當把戲。」但是經過了這五年，經由接受我催眠的參與者見證，事實已經相當明顯，也不需要我再證明什麼了。

而他們的反應其實不難懂，讓我來做個解釋吧。

這與某種陰謀論或是某個經精算過以達到確切目的的手段無關，反而比較是一種邏輯，以及一系列導致我們對所有可能傷害一個物質社會（一個受到我們以為無可撼動的教條所箝制的物質社會）之基礎保持緘默的機制。

法國是全世界人民精神科藥物使用量最高的國家：每年開立的藥品有十五億盒；有超過四分之一的法國人服用抗焦慮劑、抗憂鬱劑、抗精神病藥物或是安眠藥。這塊市場很大，而且還不斷地擴展當中。我們強大的製藥廠極力地想要保持這種可悲的過度消費紀錄；製藥廠有財力控制廣告代理，而那些廣告代理則將廣告提供給最大的資訊傳播者：雜誌、報紙、廣播電台、電視台——呃，是的，要是沒了廣告，他們全都會消失！所以，不應該發布顛覆性的觀點嚇跑廣告代理，因為對他們而言，廣告利潤攸關重大。就是這麼簡單。規則就是這樣：得排除掉所有對於進行中的生意造成妨礙的一切，像是令人不安的觀點、替代醫學、替代療法，這些都與法國現行市場敵對，而這個市場的獲利相當驚人。

所以，要是有人試著讓「以較便宜的價格減緩某些疼痛」的順勢療法消失，就不能視為突發事件了；順勢療法的申報已經確定被砍，而大學的順勢療法教學也即將取消。針灸無疑將是下一個目標。

而目前，有人正伺機攻擊催眠通靈，因為僅僅一兩場活動，就讓不少參加者在主治醫師的保證下，捨棄了沉重且漫長的精神科藥物治療。甚至還有許多家醫科或是精神科醫師，因為面對病人可預見短期內死亡的重大疾病所帶來的喪亡之痛、和對死亡的焦慮，在苦無資源之下，主動向我們轉介他們的病人。他們沒有道理不試試看啊！因為他們在藥物無法給予協助，和缺乏有效資源之時，觀察到了催眠通靈在這些情境下所帶來的益處。他們當中有某些人甚至希望能夠更深入，於是加入我們的培訓，以能夠親自於診間施行催眠通靈。

我們所收集到的一萬二千多份經驗回饋不僅令我們振奮，還督促我們不顧所有路程上的障礙，繼續這項研究與調查工作。

我經常問自己是什麼推動我繼續這項如此複雜、並挑起許多矛盾與攻擊的研究，也經常有人問我這個問題——沒錯，我是可以更輕鬆。我有一份賺的錢可以讓我舒服過日子的好工作，而我的某些同行，尤其是在委員會裡的那些人，不懂我為什麼不繼續執業，再利用空暇去打打高爾夫或是旅行就好，而不是去冒丟掉這個飯碗的風險。

我在他們的心目中是個貨真價實的謎樣人物。我承認自己偶爾會有喪氣的時候，可是我從來不曾有過放棄的念頭。從來沒有。所有寫信給我，或是在路上叫住我向我道謝的人告訴我，自從催眠通靈治癒了他們的痛苦與不幸，他們就再也沒有自殺的念頭，也瞭解到這個世界上最重要的是愛，是的，他們所有人都不准我放棄。他們是我行動的唯一動力，而我可以說，這個動力強勁到能夠征服最高、最難攀越的山峰。

在寫下這些文字之時，我重新想起上星期在土魯斯環形馬路所發生的事。當時，我正開著車，塞在車陣裡，五公尺、五公尺地停停走走。我的心情並不大好，因為我再度收到委員會通知，要我就催眠通靈一事到委員會親自說明。又來了……右邊的車陣裡，有一位女性駕駛打手勢示意我降下副駕駛座的車窗玻璃，看起來有很重要的事情要跟我說。我立刻照她的意思做。她大聲喊著：「您很棒，加油，請繼續下去，我們都支持您，別放棄！」坐在她身邊的朋友帶著大大的笑容，對我比了個讚。我在這裡由衷地向這些適時出現、有形與無形的朋友道謝。如果沒有他們，這一切就不可能發生了。

開工了！

讓我們回到這段在當天催眠通靈開始前的尊榮早餐時光。

所有人意識到我在接下來的十六個小時當中所需完成的工作，而且我也只剩下短短的時間可以安靜了，所以都沒來煩我。那些認出我來的人遠遠地向我微微揮了揮手或是點點頭，僅此而已。在不受打擾的情況之下，我啜飲著熱咖啡、一口接著一口吃著維也納甜酥麵包與新鮮水果。

只不過在二〇一八年七月二十三日星期一這天，一位優雅的棕髮女性打斷了我的早餐時光。這個不速之客靦靦地走到我桌邊。她的年紀大概四十多歲，長相頗為美麗，並且心情愉悅。她遞來一串漂亮的貝殼項鍊：

「給您，這是禮物。在我們國家，如果要去見某個人，會送對方一份見面禮。」

「您從很遠的地方來的嗎？」我邊問，邊將她的禮物掛在脖子上。

「努美亞島。我為了參加這個活動可是跑了兩萬兩千公里呢。」

聽到她的回答，我差點嗆到。我在乾咳之餘，起身拉了一把椅子請她在我對面坐下。

「嗯，該怎麼說呢？您總不會特地從新喀里多尼亞來這裡參加這場活動吧？」

「是啊，我就只是為了這個才來的……我昨天才抵達巴黎，然後搭火車來南特，明天就會回努美亞島。我要參加催眠通靈，希望見到最近才過世的哥哥。」

我覺得不大舒服，額頭立刻冒出一顆顆的汗珠。我盡可能不動聲色地以餐巾紙抹去，進而心想這個女人應該會以為我突然得了某種流感，發起了嚴重的高燒。

「那……您的意思是，您跑了四萬公里來參加這場活動，也就是繞了地球一周只為了參加一場三小時半的活動？」我藉著緊張的乾笑，對她展現出我的訝異。

「沒錯！我繞了地球一周來見您，哈哈哈！」

我真不敢相信。我問了她一連串的問題。這位未來的催眠通靈參與者並非出身富裕。她在努美亞島附近開了一家寵物狗美容店，犧牲了許多金錢才換來這趟旅行。而這些細節反而令我更感焦慮。我想像得出，如果催眠的時候，她的哥哥並未現身，她會有多麼地失望。我要自己情緒平穩下來，並且告訴她，並不是一定能與逝者接觸，而且期望越大，就越難成功。她回答她都知道，可她不怎麼在乎，就算什麼都沒發生，她也一樣會為了能夠與我見面，並且擁有體驗這種神奇之旅的機會而開心。這些話，我一個字都不敢相信，不過還是安心了些。只是沒想到，此時我們的角色調換，反而由她來安撫我對於失敗的恐懼，真是令人不敢相信啊！這位女性和其他人不一樣：她敢於打擾我用早餐；來法國旅遊，卻送我一份見面禮，而現在又試著要淡化我對於慘敗的恐懼。

我祈求上天讓一切都能夠順利。

在我的活動結束之後，我和我的團隊成員邀請她在下午場開始前，與我們隨意吃頓午餐：傳說中的凱薩沙拉配生啤酒。我急切地想要多知道些，可是希勒薇．瑪賽（她的本名）的話並不多。儘管她看起來對於參加的結果很滿意，我們的期待還是落空了。「我寧可寫信給你們。我有太多想說的了。你們很快就會收到我的報告。」她邊對我說，邊走向準備載她去機場的計程車。在彼此分開之前，我在一張餐巾紙上匆匆地記下她的地址，準備將我的簽名新書寄給她，並且熱情地擁抱了她。

這就是三星期之後我在收件匣收到的信件：

親愛的夏博尼醫師：

自從我們見面之後，我就不停地想著是您讓我得以體驗的美妙旅行。我夢想著到地球的另一端去參加您的催眠通靈會，而這個夢想，終於在七月二十三日星期一於南特成真了。

那天早上，我迫不及待地想見到您，所以老早就提前到了會場。我突然看見您一個人在美居飯店吃著早餐。我這個人天生害羞，所以不敢靠近您。只是，我心中的小小聲音催促我走完與您之間的那幾步距離。結果當我坐在您面前的時候，我實在激動得不知道該怎麼向您自我介紹。您的傾聽與溫暖的招待，讓我自在許多。

親愛的醫師，謝謝您願意撥一點時間給我，謝謝這些深深刻在我的記憶裡的珍貴時刻。

然後說到催眠的時刻。我先前並不抱任何期待。就算我由衷期盼能夠見到我那於二〇一二年驟逝的哥哥。

您的聲音吸引了我，讓我立刻被它牽引，可惜我的腦意識分析阻止我完全放開拘束，我實在沒辦法讓它安靜。我並沒有跟隨著您在催眠時提到的「這道白色的能量」，只是一直懷著眼巴巴看著大家都已經出發的心情待在那間會議廳裡。

過了一會兒，我轉過頭去，遠遠地看見了地球，由於距離過於遙遠，樣子看起來就像是一顆藍色的小球。

在一團迷霧之中，我坐在一張長椅上，等待著……

接著幾個陌生臉孔的影子逐漸浮現。其中一個往我的身邊靠近，是我那親愛的已故哥哥，而且靠得越來越近、越來越近，近到我忍不住激動得哭了。他的臉快速地湊近我的臉，接著又往後退，就這樣前進後退了好幾次，彷彿對於我的出現感到意外，並且想要確認在他面前的人確實是我。他的頭很圓，看起來就像朵向日葵。

稍遠處有道三角形的窗戶。我從那扇窗戶看出去，清楚地看見了我那於一月二十九日過世的表哥。他的人在一團濃霧裡，但是我清楚地認出他來。他有著一頭長髮，看起來既年輕又帥。他動也不動地盯著我看。我們倆就這樣互相望著對方，不過不知道為什麼，我沒辦法靠近他。

表哥的臉孔消失了，可是我看見他的身影在一條左右夾著樹木的小徑上走著。我認得他走路的樣子，這一次，我總算看見他整個人了。我跑向他，撲進他的懷裡。他問我：「你在這裡做什麼？」

我想回答，可是已經太遲了，您的聲音驅散了濃霧，可是我還是來得及看見我的小狗佐依。表哥溫柔地抱著牠。我很愛很愛這隻小狗，牠的離開讓我的心很痛。

接著，一道簾幕揭開，出現的是一座色彩繽紛、呈幾何形狀的村莊。我看見了我親愛的爺爺和奶奶。我漂浮在他們上方，看著他們手挽著手走在一條明亮的道路上。他們的外表年輕而漂亮，我從來沒見過這個年紀的他們，可我還是認得出他們。我奶奶轉過身，看著我笑了。

您的聲音帶領著我升向一道強烈的光芒，可是我只看得見那道光芒的一部分，我雙膝跪下，虔誠地詢問目前對於自己人生所有疑問的答案。

當您的聲音響起，要我們回到這個世界時，我還沒準備好，我還想待久一點。我還有好多事情想要探索、發掘……可是我還是回到了這間會議廳，不過整個人充滿了某種美好的能量。

親愛的醫師，謝謝您給我這場神奇的體驗，也謝謝您讓我發現一個微妙的神靈世界。

我很想念您的聲音……期待能夠再次聽見。

什麼時候才會在新喀里多尼亞島開催眠通靈會呢？

親愛的醫師，請接受我的擁抱。

希勒薇・瑪賽

收到這封郵件，簡直讓我如釋重負——相信是我的祈禱應驗了：呼，謝了！

希勒薇信中寫到，她接觸到的那個「形體」為著在另一個世界的妹妹到來而感到意外，甚至還疑惑她是如何完成這項「壯舉」。可以想見，在靈界看見陽界之人的感覺應該和在陽界看見靈界之人一樣驚異吧！在我們的分享會當中，這些反應相當常見。催眠通靈時，逝者可能認得出前來見他們的催眠通靈參與者。他們的訝異可以想像。希勒薇的哥哥問她：「你在這裡做什麼？」他的臉幾次靠近她的臉又遠離，像是確認自己沒有出現幻覺。靈界的實體以為自己出現了幻覺，很有趣，不是嗎？

一個親切的公路司機最近才開始對靈性感興趣，在他接受催眠通靈時（我們稍後再來看他的見證），也和某個實體有一段不可思議的對話。當那個形體看見他來到了靈界，便問：「你在這裡幹啥？」「啊，我想見到我的家人，就這樣，而且我還付了錢耶！」

這個人叫皮耶．賽巴斯丁，他是在二〇一九年四月二十五日於坎城接受催眠通靈。

沒有什麼事是嚴重的，一切都是合理的

我收過數百人的來信。他們無法走出喪逝之痛，也不知道自己的痛苦該向誰傾訴才能被當一回事，他們藉由催眠通靈，才大大地受到了撫慰。再見到已在靈界的親人；再次嗅聞到對方那已被遺忘的氣味、香味，接受對方的溫柔撫摸、擁抱；再度聽到對方的聲音、笑容；藉著心電感應，接收到對方的想法與建議，或者就只是再度感覺到對方的存在，總之，這些所有在催眠通靈時發生的事情，沒有人可以否認具有某種確實的療效。就算不相信這些接觸的真實性，所有的這些主觀體驗依然撫慰並鼓勵了人的內心。

怎麼會有相反的想法呢？

當然，要是這些報告內容大同小異，讀起來一定讓人覺得枯燥乏味。不過我從最近尚未公開的見證當中，篩選出幾封信件並節錄其中文字，你們會讀到與無形世界接觸多以撫慰守喪之人，使其內心獲得平靜為目的。通常來說，訊息大致相同。靈性世界並不是一個灰暗嚴肅的世界——儘管有幾個罕見案例當中，當事人的體驗偏向於某種地獄導覽。

那些進入另一個次元的人建議我們別把自己看得太重，而且不應該覺得悲傷或是不幸，我們活著的人在地球上是為了獲得協助我們靈性提升的體驗。他們還對我們說：「沒有什麼事是嚴重的，一切都是合理的。」這個經常反覆以不同方式傳達給催眠通靈參與者的奇妙訊息：「沒有什麼事是嚴重的，一切都是合理的。」確實令人無法理解，甚至會令我們正遭受痛苦時深感不快，因為我們的想法與之相反。

二〇一八年秋天的時候，我已經不記得當時在哪座城市，一位六十多歲的女士在催眠開始前聽完活動介紹質問我：

「您說沒有什麼事是嚴重的，一切都是合理的，可是我不懂。您覺得希特勒是合理的，而強暴、殺害孩童也沒什麼嚴重的嗎？」

「您誤解我的意思了。說這話的不是我。那是在催眠通靈時，經常由靈界傳送來的指示。我呢，就跟您一樣不大能夠理解。只有彼岸才能夠解釋。許多心跳停止的人都說過同樣的事情：在靈界，一切都有了解釋，就連最糟的事情也是。」喬．莫澤勒在一顆子彈穿透胸膛之後有了瀕死體驗。他說：「當我置身在那道龐大的愛之光裡，我知曉了一切。一切都有個合理的解釋，就連希特勒及其他的事情都是。可是現在我回到了人世就什麼都不知道了，只知道自己曾經知道！」

那位女士接受了我的說詞。有那麼一會兒，她搖動著頭，彷彿想要更理解我方才對她所說的話，頭上那個奇怪的灰色髮髻也跟著晃動，最後她坐了下來。

差不多兩個小時過後，在催眠結束後的報告時間當中，有人遞麥克風給她，那位女士再次開口說話。她抿著嘴唇，看起來情緒激動，說：「今天我看到我那過世十一年的第一任丈夫。他牽著我的手，而我聞得到他的香水味……」

我還是沒辦法習慣她那獨特的髮型：當她低頭看著地毯或是自己的腳什麼的（因為距離太遠，我沒辦法得知她在看什麼），就像有一隻小小的老狗癱死在她頭上。

她繼續說：「……他看起來比過世的時候還年輕許多。應該差不多三十多歲吧。他對我說，我都在無謂的煩惱，我不應該擔心這個那個的，反正所有發生在我身上的事情都是好事……我聽了這些話，心裡覺得輕鬆許多。」

我忍不住評論她的分享。

「要是我沒理解錯誤的話，他告訴您，沒有什麼事是嚴重的，一切都是合理的，對嗎？」

「呃……呃，是的，沒錯。您說的對，他是這麼跟我說的。」

某些參與者在催眠通靈的時候，接收到了我們每個人都會問的問題答案，比如：為什麼我們當中的某些人會得不到善終呢？這個問題確實帶來了所有與臨終「管理」相關的問題與無止境的安樂死辯論。

傑洛米·伏利松在二〇一九年於里爾的催眠通靈體驗為我們解釋了原因。

……我隨即跳下，去到了很遠、很遠的地方，我甚至錯過了某些指令，不過我試著不去分析，只是放鬆……

我與我那突然現身的爸爸進行了一場頗有意思的對話（在這種催眠的狀態之下，只需要想著某人，他們便會出現，然後，我們便可以與他們進行一場內心的對話，是的，他會對我們說話，還會回答我們問題。）他所說的話語，一開始充滿嘲諷，不意外，這是他的性格特色，不過我並未感覺到任何的攻擊性。「您在這裡做什麼？」我問他：「為什麼您穿成這樣呢？」他戴著一頂帽子，拿著一根拐杖，以我哥哥向我描述過他在生命倒數時光當中的形象出現在我面前。他回答：「喔，讓你可以認得我啊！」就這麼定調。接著，他帶我進老家的廚房，然後罵我：「看看我所有失去的東西，」他指著家人對我說：

「然後你連珍惜都不珍惜！」確實，我並沒有與他們經常見面。我明白他和我那早他幾年過世、而他也頗為寵愛的姐姐在一起。以前我從沒有想過這些事……接著，我在數個狀態之間航行，並且向尚賈克．夏博尼所稱的「神聖之光」請求建議，於是我被帶到了墨西哥，有人跟我說，並且讓我知道我該去奇琴伊察金字塔，在古蹟之間健行。正好，我下個月就會去！

我還看見一張獸皮，顯然是某個前世。有人對我說：「不要傷害動物，你們已經傷害了太多動物。」

接著我問我那老到無力的爺爺還能不能夠活很久，因為我覺得像這樣無聊地混日子，並沒有什麼意義。結果得到的回答是：「每一分鐘都很重要。他會體驗他的人生直到最後一刻，這是他的選擇：體驗老化。就算是像這樣的條件之下，每一秒的體驗都是值得的。」

一種令人不安的體驗，因為這一次，我不是醫者，而是與一群人擔任直接接接受訊息的一方。

這種方法，相當於我所使用的年齡回歸催眠或是內省催眠，加上有助於獲得極大進展的場面調度，與某種協助我們深探內心的技術，堪稱一種十分強烈的體驗，而我還未能理解其來龍去脈。

我迫不及待想要知道要以何種方法結合這所有的知識。

逝者會為了給催眠通靈參與者實用的建議而現身，如同以下三則見證所述。莎拉的曾祖父、瑪麗的母親和雅尼克的奶奶，都分別給他們珍貴的建言。

……我看著身旁四周，結果看到了我的曾祖父激動地走向我。我很訝異，因為他在我出生不久後離世，所以我對他完全沒有記憶。

他要我「放過我自己」，多為自己想，還說切斷某些有害的關係並不可恥，並且要我不要再犧牲自己，堅持過一種不適合自己的生活。他哭了，而除了「對不起」之外，我不知道還能夠對他說什麼。他要我向他承諾自己會勇於生活、勇於去愛，並且撤除設置過久的藩籬，接受自己──因為這個「自己」是美好的。

一片雲生起，他消失了。

——莎拉．巴利索
二〇一九年六月二日於梅斯接受催眠通靈

……我開始感覺到我母親的存在。自從她於二〇一六年十二月過世之後，我便經常感覺到她的存在，特別是當我開車的時候。她有頭髮，而且看起來很健康。她很開心我能夠到她那裡去看她。她陪著我，和我說話，告訴我，我沒什麼好擔心的，我和我的孩子之間一切都會很好，而且她一直都在，還會保護我、看著我。她短暫地帶我去我父親家的蘭花園，到我父親的骨灰甕擺放處那裡。

她的神情安詳。

她也要我去讀她寫的筆記。她說那些筆記本都是要給我的，反正也沒有別人會看。她告訴我，要繼續依照自己的靈感與熱情前進。

我看見我爺爺對我微笑。他的微笑喚起我許多的回憶。我還看見我那兩隻已經不在的狗兒：妮娜與貝兒。

——瑪麗・慕克達
二〇一九年五月二十六日於貝桑松接受催眠通靈

……我的外婆現身了。她笑容滿面，神采煥發。我開心地哭了，滿滿的情感扼住了我的胸口，讓我幾乎無法呼吸。以前我與她的感情非常融洽。她於一九八六年過世。當時才九歲的我並不懂「死亡」是什麼。我爸媽認為不要帶我去參加喪禮比較好。現在的我其實並不建議這麼做，因為我那時不明白發生了什麼事，而且這樣的作法並沒有讓我比較容易從哀痛中走出來。總之，我的激動情緒來自於不僅看見我奶奶，還再次聽見了她的聲音——我那可憐的大腦已經忘記了的聲音——看見了她那攝影師無法重現的活潑眼神與笑容，還有她的脂粉味、振動、存在……

她摟住我，對我說：「我在這裡呢。我也只能在這裡。」接著溫柔地要我別激動，免得這種情緒把我拉離了我當下所處的狀態。她說：「我好以你為榮！一切都會很順利的，別擔心，就泰然地往前走吧，讓自己平靜下來，不要害怕，我們這麼多人都會陪在你身旁，支持你，愛你。我愛你。你的生命即將有徹底的改變，請準備充滿信心地迎接這場改變吧。一切都會很順利的。答案會主動出現在你面前，要有信心。我沒有離開過你。我一直都在你身邊，和你在一起。我真的很愛你！」她牽起我的手，以不可思議的速度帶領我。我身邊的一切變得模糊，四周風景更是看不清楚，直到一切都慢了下來，而我也立即認出自己所在的位置：我正在凡爾賽宮的小特里亞儂宮花園裡的愛神廟前。

——雅尼克・喬瑟夫・瑞丁諾
二〇一九年四月二十七日於里昂接受催眠通靈

我們稍後會再回頭看雅尼克見證的後續。當他一到這座古蹟前，便回到了瑪麗・安東尼時代的前世。

我的骨外科醫師同事在接受催眠通靈時，看見自己已逝的雙親為他戴上閃亮的手套。他領悟到，這是份將協助他執業的禮物。

……他們送了我一些話；我的內心滿是我父母那龐大無限的愛。我聽見：「你要做的就是像我們愛你一樣愛你自己，我們都以你為榮，你吃了很多苦，不過你正走在屬於你的道路上。一切都會很完美的，你正在向上提升當中。」

我請他們現身，我父親拒絕，他說我會難以承受。我母親答應了。我看見她很快地以七十歲的模樣出現在我面前。她顯得愉悅、容光煥發，當她在世的時候，我從沒見過她這副模樣。

他們拉起我的手，為我戴上閃亮的手套。

我感覺自己的身體裡有些什麼開始為了美好而動工了，一切都會很完美，也一直都是完美的……

——艾提安·佩雷塔醫師

六月一日於梅斯接受催眠通靈

至於這位精神科醫師女同事，她的一生摯愛亞蘭就以守護天使的形體現身。

……現在，我先生的祖父母就出現在我的右手邊；他們在一起，彼此親切以對。隨後，我看見了我姐姐丹妮耶拉；她看起來差不多三十歲，一頭耀眼的金色長髮，整個人真的好美！（她於一九九四年過世）。她笑著，與兩個繞著她跑的孩子玩耍，看起來像是在玩鬼抓人。他們的臉，我看不清楚，可是我「明白」其中一個孩子是我那出生即已死亡的妹妹，另一個孩子是我的哥哥，排行老三，胎死腹中。我看見他們，可是他們似乎看不見我。

亞蘭，你終於出現了。我感覺得到你，可是看不出你的模樣。你看著我。彷彿心電感應一般，我明白我們應該一起出發。我們飛越了一座山谷，接著來到了某個地方。在那裡，灑落的光芒讓我們靜下心來。你的外表有了改變，而且很嚴肅，但又親切。我會說，你就像詩人尚・考克多所畫的那些天使。你們有好幾個人也是。你牽起我的左手，我知道我不能去到更遠的地方。

你在我身旁，我感覺你從此就是他們的其中一分子，而且你們會以無條件的愛，共同看護著我們所有人。我聽見了：「我們會等你。」我明白自己死後將會來到這裡。

——珍娜薇耶．巴斯達漢斯醫師
二〇一八年二月二十四日於巴黎接受催眠通靈

有越來越多的同行對催眠通靈感興趣，並且報名參加我的活動。我注意到經常都是年輕醫師。似乎新一代的醫護人員已經理解到，靈性對於處理病患問題的重要性。當然，有所保留、緊張不安的態度以及反對者，都依然存在。一定是這樣的。然而我覺得對我們的病人來說，是往好的方面進展。

經常有人問我，和我一起工作的同儕是怎麼看待我的。我在土魯斯的一間大型診所執業，診所裡的麻醉醫師絕不少於二十一位。幾乎沒有人向我問起我的副業。我與某些對我的副業感興趣的外科醫師或是專科醫師（他們是偶然間在電視上看到我，或是在電台聽見我說話才知道的）有過幾次熱烈的討論，不過這樣的對話機會極少。只不過我觀察到一個相當有趣的現象，那就是一些祕密的討論與咒罵的心底話，皆在四下無人時，以壓低的聲音在衣帽間或是休息室出現，彷彿屬於高度機密，而且就與德軍佔領法國期間，那些抵抗運動成員之間應該會有的對話同樣危險。

恐懼確實存在，因為打壓的行動嚴酷而無情，沒有人想要發表一些觀點，被那些擁有權力自以為了不起的老權威認定「醫學不正確」而丟了飯碗。要是一個人有著被認定為顛覆性的想法，行為舉止不符常規，很快就會被送到精神科去，而精神科醫師會對他進行鑑定，他也會受到禁止執業的威脅。我，就是活生生的例子，是的，我曾經飽受上述兩件事所害，不過我可以向你們保證，我並沒有瘋，而且還繼續執業中——至少目前如此，因為當我寫下這幾行字的時候，我又處於緩刑期了。

是的，這些初執業的年輕醫師，這些高中畢業後花了超過十年的時間，並且還通過具高度選擇性的考試才拿到證書的醫師，得躲躲藏藏瞞著眾人就催眠通靈這類的禁忌話題發表看法，是相當正常的現象。要是說得太多，他們就有被「合作夥伴」檢舉的風險，並且立即失去了辛苦多年構築的東西。在法國，一切都受到了控制。獵巫行動正在籌劃之中，而在這個敏感的領域裡毫無言論自由。

到現在，還是最難說服醫師相信靈界的真實性。從接下來的見證即可知道，就算到了另一個世界，他們似乎還是難以相信那個世界的存在。

巴斯卡兒．秀里克接受過兩次催眠通靈。第一次是在二〇一九年一月十二日於土魯斯；第二次則是同年的四月二十七日於里昂。在第一場催眠通靈的時候，她意外遇見一個朋友——同時也是她丈夫的同事——而對方的妻子是消化系外科醫師，也參加了這兩場活動。

……一位已逝的朋友貝爾納現身了。他生前是精神科醫師。我替他傳話給他的妻子。他說：「很好玩，我這個什麼都不相信的人，結果現在站在這裡跟你說話，誰會相信我會有這麼做的一天。天上可不是杜鵑窩。」

她在第二次體驗時再度見到他：

……我的朋友貝爾納再次現身，而且又有訊息給我和他的妻子。他一直拿我們倆還能一起說話的事情開玩笑。他超愛說這句話取樂的：「誰會相信天上是這麼棒！」

2

寬恕

與已逝親人在催眠通靈時相遇，可以消除我們心上那股因失去親人而揮之不去的痛苦。貝內笛特在她的記述裡有詳細的報告。

……我看見一盞傳統路燈附近有一張白色長椅。那張長椅位於一座小丘頂端，俯瞰著夜裡家家户户燈火通明的城市。這是一個相當平靜、和諧的地方。

我坐了下來，隨即看見我爸爸！他在我身旁坐下。我媽媽也在，只不過在他身後稍遠處。

我立刻哭了。我感覺到淚水在臉頰上滑落，見到他們我實在太開心了。我爸爸對我說話，還為了我和我兄弟姐妹在童年與青少年時期所遭遇到的所有痛苦，請求我們的原諒。爸爸摟住了我，我感覺心裡得到了安慰。

媽媽來到我身旁，也抱住了我……這感覺太強烈了，真的很令人感動。她對我說，她和爸爸以及所有家人在這裡一切都很好……我看見我的爺爺奶奶、外公外婆，連我小時候見過的伯公夫妻與叔公夫妻，都不知道打哪兒突然出現。另外，我沒機會認識的曾祖父母和我公公也來了。

我和他們每個人都說到話，也和我爸媽聊天……我沒辦法說出我們所說的話，但是我想說的只是我爸媽要我不要再哭，也別再難過，他們在那裡一切都好。他們還要我好好把握和丈夫與小孩在一起的時刻，更重要的是，他們時時刻刻都會陪在我們身邊！

對我來說，這個體驗就等於是一種治療：讓我想起我爸媽時不再那麼傷心的治療。我知道他們在我身邊，還有，讓我克服了過去——這大大改變了我目前的人生。自從與我爸爸聊過之後，我對過去的感受不再相同。我知道自己的過去依舊存在，但是我不再流淚、傷悲、憤怒，一切都已平息，一切都已終結，展開新頁。

——貝內笛特・諾曼弟

二〇一九年三月於坎城接受催眠通靈

桑婷・畢昂谷是護理師。她遭遇了喪逝之痛以及疾病之苦。在體驗過催眠通靈之後，寫信向我敘述自己的見聞，內容強調了我們的催眠通靈活動所具備的療效。在信中，她與我同樣對某種形式的醫藥提出了質疑。

……我是最可靠的見證人（並非指其他人不可靠），因為我的職業是護理師，也不屬於任何教派。我這一生中經歷過好幾次喪逝之痛，首先是我媽媽，那年我才剛滿十九歲。從那時開始，我便經常對死亡感到焦慮。我接受過無數次的心理治療、心理分析、行為治療，但是從未能順利治癒那些嚴重的焦慮（廣場恐懼症、恐慌症）。然後，我爸爸在兩年前過世了。在個人靈性發展的引領之下（應該說，是冥冥中的巧合安排），我發現了催眠通靈。對這東西，我是懷疑、不相信的，可是我沒有什麼好損失的，在最好的狀況下，說不定我還能有所收穫。

二〇一八年一月二十七日的時候，我的人生突然有了大轉變，我從自己的恐懼——對於無法接受我父親的死亡以及生、死的恐懼——之中解脫。因為催眠通靈，今天的我很幸福。我敢於先前所不敢的，那就是毫無恐懼地活著。

是的，催眠通靈是一種治療工具；而這種工具不是奇蹟，而是有意義的，因為它正確回應了關於未解開的喪逝之痛的問題；而未解開的喪逝之痛會導致精神與新陳代謝問題，但是傳統醫學卻毫不考慮這個因素，只滿足於以表面的方法治療變得不耐的病人。所以，答應接受催眠通靈吧。

願那些指控你們牟取商業利益的人自知受到嫉妒與害怕的折磨。沒錯，當今商業利益毒害了經常不適用且簡單化的醫學，而當某種治療方式可行，就會對整個營利系統——成果不但不足，甚至有害——造成威脅，也成了一大妨礙。對於那些生意人來說，您是威脅。所以做出改變的時機到了，而您就處於這股動力之中。而我們這些醫護人員，也在其中共同滋養著這股動力。

謝謝你們。

——桑婷．畢昂谷

二〇一八年一月二十七日於拉洛歇爾接受催眠通靈

那些對靈性感興趣的人認為，寬恕是我們人類進化過程之中最難達成的目標。寬恕與復原能力緊密相連；對一個受創傷的人來說，復原能力就是去關注且不讓那些事件在腦意識分析之中打轉。人通常會是在活著時讓自己做到寬恕別人：我們總會試著在離世前把一切結算個清楚。可是有的時候當中的期限過短，讓這個目標無法達成，於是有了其他與靈界溝通的方法，而有時催眠通靈似乎就是其中一種……如以下見證節錄所示：

……然後，唯一我意想不到會出現的人，就是我爸爸的最後一任妻子伊莎貝拉。我得說這個女人在我心目中是個壞後母，她也毫不掩飾對我的厭惡。眼前的她年輕美麗，而且還有一種我從來沒有見識過的溫柔……她在一年半前過世，享年七十二歲。我用盡辦法想讓這個女人愛我，可卻完全沒有用。

她和我爸爸其他任的妻子一樣有著一頭金髮，但是她為了我爸爸一直深愛著我媽媽而不原諒我。我媽媽在我四歲的時候拋棄了我，從此，我就一直在我爸爸的女伴之中找尋這種令我痛苦的母愛……天啊，伊莎貝拉在母親節這一天來到我面前請求我的原諒。我什麼聲音都沒聽見，我們之間的溝通就像透過心電感應一樣，非常微妙。她還對我說一切都非定局，接著，眼前全都變得模糊。

我感激得哭了……當然，一切都獲得了寬恕。

——安娜・米歇爾

二〇一九年五月二十六日於貝桑松接受催眠通靈

或許有些歉疚發生在逝者尚留人世的最後時光……然而，就算人已離開了，我們還是可能從另一個世界得到寬恕。

伊莎貝拉自從十七歲的兒子西樂凡意外死亡後，就完全崩潰。她認為自己對兒子的死有責任，這使得她內心的創痛加劇。事實上，在悲劇發生的前幾天，兒子已經出現腦膜炎的警訊，醫生從兒子極度倦怠、舌頭刺痛、肩膀背部疼痛等症狀，更立即下了這個恐怖的診斷：「這個嚴重的疾病要是沒有即時獲得診治，經常會造成猝死的結果。」只是事情往往在發生了，才知道後悔，而當伊莎貝拉介入處理的時候，兒子的病情也已經沒那麼簡單了。甚至在西樂凡過世的前一天，母子倆還反常起了爭執，這也更加深了伊莎貝拉的罪惡感。

二〇一九年一月十二日，西樂凡過世的兩年半之後，伊莎貝拉接受了一次催眠通靈。以下內容摘自她寫的信：

……我在死亡與虛無的交界苟延殘喘，只有我那二十二歲的女兒能給我活下去的渴望。我讀到了與您所提出的「實行方法」相關的文章，有些對你不利，但是其他的都是對你抱持肯定的態度。一個女性朋友也和我說過您所做的事情。看我這個樣子，反正也不會有什麼風險的，因此沒有多想——其實還是有想很多——我就來了。首先，我要讚賞的是，不必自我介紹，也不必廢話，一切都已有規範與限制。

那一天，在您的助理與其他四十個人的陪伴下，我到自己的童年「旅行」。我比許多人幸運多了，不僅可以聽見，還看見我兒子與其他已逝的先人。我和兒子有了「對話」，也明白他死後沒有懊悔和遺憾，因此我不需要有無謂的罪惡感。我知道一切都獲得了原諒。而且從另一方面來看，這一切都是合理的。所以，我沒必要對於兒子應該擁有卻沒能擁有的人生而感到遺憾。我也明白，美好的事情是可能相隨相伴而來的，就算這個概念我還不清楚。

我想要簡單說明這次的經驗為我帶來了想像不到的撫慰，就算現在的我依然思緒混亂，感到不可思議。

感謝您以及您的團隊讓我們分享這些活動。

逝者也可能會為了讓兩個陽世之人相互原諒而在催眠通靈時出現。我們可以在以下瑪麗莎．梅迪奇的見證當中讀到這樣的例子。二〇一八年十二月的時候，她在日內瓦接受了催眠通靈，過了好幾個月之後，她寫信給我。

……我一定要把自己在參加催眠通靈的經歷以及得到療癒的故事說給你們聽。就算這麼遲才說，也總比不說的好。

在這場催眠通靈的過程當中，我與一位逝者有了接觸，而他也傳達給我關於寬恕的訊息。在那當時，我因為感情煩惱，整個人很不快樂。

我完全喪失自信，感覺被遺棄、憤怒、不被瞭解，我想要報仇，拚命傷害人，我對於生而為人感到失望……

總之，就是所有自我會感受到的情緒……那名逝者在我面前現身，並且向我傳達：「原諒他……」我的心底彷彿有了全新的體悟。就好像我從來都不知道寬恕的真義，如今才終於理解。

這種感覺在我心中逐漸擴展，當晚，我明白自己的負面情緒已經消散……事情變得明朗，我也懂了……

我的內心經過徹底的洗滌。

我把這個稱作神奇的療癒，而這個療癒似乎能夠持久，也能幫助我成長。

謝謝你給我這個機會，我也感謝這個美好靈魂帶我前往另一個次元，並且將一些智慧與這個無盡的愛注入到我的心裡。我還要感謝生命，以及這個無條件、充滿真愛的「全部」存在。

在靈界遇見陌生人

或許有人懷疑這些見證會不會是埋藏在無意識之中的記憶突然浮現，結果造成了二度想像，畢竟我們自催眠通靈當中取得眾多的訊息，可是，那些訊息是催眠之時所完全不知的，是後續才獲得證實。

尼可拉．戴爾在催眠通靈時遇見了一名年輕女性。尼可拉對她一無所知，而當活動結束，他在報告當中描述了那名神祕的女性，並且還說出了她的名字，可沒有人有什麼感覺。

……這場催眠通靈，是我姐姐送我的生日禮物。今天也是她陪我來的。在您簽書時，我和您匆匆交談了幾句。我有跟您特別說過，我在一九九三年末出了車禍，結果昏迷了二十一天。有百分之五的人在昏迷時靈魂出竅，而我就是那百分之五的其中之一。當我在接受催眠通靈時，我遊歷了許多地方，也見識了許多事情，但是當中最重要的，絕對是那個突然出現的金髮年輕女子。她年紀大概十五到二十歲，對我說她名叫安娜伊絲。在這場「相遇」的過程中，我首先是感覺臉上刺癢得不得了，接著兩隻膝蓋和小腿都很痛，心裡還有一種淡淡的憤怒感。

在接下來的幾秒鐘，疼痛的感覺以某種奇怪的方式消失了，就像倏地被抽走了一樣。那跟吃藥解除疼痛不一樣，而是彷彿有人替你掀掉了什麼，有點像是膝蓋上的毯子被掀掉了，總之，就是一種複雜到難以描述的感覺。

在催眠通靈結束之後，我向在場的人敘述這場奇遇，可是顯然沒有人感興趣。而您也只是簡單說到，我是第三個有提及那個年輕女生的人，不過我是第一個說出她名字的人。

直到過了一個星期之後，我和我媽媽談論起這場體驗之後，她告訴我她有個表妹曾經有個女兒——我其實很難會跟媽媽的這個表妹見面，可是奇怪的是，在催眠通靈的當天早上我竟然遇到她。

經我媽媽一提，我也才知道，那個女兒就叫安娜伊絲，二十一歲的時候車禍過世。她有一頭金髮，和她媽媽的關係經常很緊繃。

一片片的拼圖終於拼湊完整了。我臉上的刺痛是擋風玻璃爆破的結果，雙膝和小腿的疼痛是因為安娜伊絲被卡在車子裡，而疼痛消失的奇異感覺，想必就是她離開人世當下的感覺。

——尼可拉・戴爾

二〇一九年九月八日於里爾接受催眠通靈

奧菲麗・里維耶爾在二〇一九年一月十二日於土魯斯所接受的催眠通靈，也相當有意思，因為她在催眠時的奇遇在催眠之後，經她母親承認確有其事。她向自己母親描述曾祖母的體型外貌以及特點，結果與曾祖母本人完全符合，然而奧菲麗對曾祖母的事情一無所知。這個事實並未埋藏在奧菲麗的記憶之中，因為她完全不知道曾祖母的存在。

……我向我媽媽描述那個人的特點。她證實那個人是我的曾祖母。我媽媽簡直不敢相信，她猜想著我怎麼有辦法把曾祖母描述得那樣詳細，畢竟這個人我從來不認識。

於是我要了一張照片，然後認出她來，我很肯定，在接受催眠通靈時看見的人確實是她。現在一切都很清楚了。

賽西爾和亞美莉的報告與奧菲麗的近似：這兩位催眠通靈參與者也各自向親朋好友進行了小小的調查，以驗證自己原先不知道的資訊。

……我看見我爺爺了，他的五官模糊，可是我認得出是他。他對我說話，還拿一枚有拿破崙頭像的金幣給我看。

我打電話告訴我媽媽。

她回答說，我爺爺熱愛拿破崙，小時候他的外婆給了他一枚有拿破崙頭像的五十法郎金幣當作獎賞。

那位外曾祖母我從不認識；我對爺爺的認識也才一點點，更重要的是，他對於拿破崙的熱情與那些金幣的事，我一概不知。

當我聽到那些事情之後，簡直目瞪口呆……

——賽西爾．諾婁，護理師
二〇一八年十一月接受催眠通靈

……我是亞美莉．樂古夫，上個星期六在梅里涅克接受催眠通靈。首先，我想要謝謝你們讓我完成這趟美妙的旅行。在催眠通靈之後，當我們說出自己所體驗到的一切時，我心裡是有些紊亂的，以致於沒辦法全都說出來。

當時，我提到在森林裡看見的一個戴著大帽子，推著手推車的婦人。我認不出那個婦人的身分，可是心裡隱約知道她是我素未謀面的曾祖母。我和她有相同的名字。在回家的時候，我問我媽媽有沒有亞美莉曾祖母的照片。從她找到的第一張照片當中，我看見亞美莉抱著我媽媽，背景當中有著那輛推車。就是她，真的很不可思議！

二〇一九年七月二十六日，瑪久麗．莫哈於布雷納克接受了催眠通靈。她的體驗讓我們認為逝者能夠將欲聯繫之人的身分傳達給我們，在她的情況中，是先出現一個喪女母親的姓氏，再來是她的名字，為的是傳達訊息給那位母親。

這是另一個認為催眠通靈中的催眠接替神經元之外（extraneuronale）資訊的論點，因為瑪久麗並不知道那個過世女生朋友的媽媽叫什麼名字。這與想起已遺忘的姓名不同，因為這個陌生的名字從來就不存在於她的腦海裡……

以下就是引起這個想法的報告節錄內容：

……我已經不知道是情境更改，還是真的發生，我們換了地點，到一個看得見其他人的地方。在那裡，有個跟我同班過的年輕女孩（目前已過世）不知道從哪裡冒出來的，出現在我面前。我很久沒想起過這個人了。她一直都是十四歲的模樣，滿臉笑容，像以前經常那樣，邊笑邊咬著下嘴唇：這個怪表情我很熟悉。她開開心心地請我把一個訊息傳達給她的母親。我開始想……然後突然想到：她媽媽與她的姓氏相同，結果她的姓氏就從記憶深處浮現了！我記得她的姓氏！接著，我對她說：「可是我不知道你媽媽的名字耶，要怎麼找到她並且告訴她呢？」

有那麼一剎那，我心裡覺得慌，但是一個名字倏地出現腦海：米雪兒。

我把剩下的時間都花在記住她對我所說的話，以及她母親的姓名。我的催眠通靈就像這樣結束了，而且脖子很緊，下背部也痛得厲害。我試著稍微動動身體，只是在催眠的狀態下變得很困難。我的腳根本就黏在地板上！我只能稍稍地左右動一下頭。我心想，一切都結束了！腦意識分析浩浩蕩蕩地回歸了！只有我的身體還麻痺。我等著脈輪逐一甦醒。

活動結束，我回到了車上，立刻拿起手機連上臉書。我搜尋了在催眠通靈時得知的姓名，結果出現了一張我很熟悉的女性臉孔。她偶爾會接她女兒放學……

沒錯，就是她！

而且我所接收的名字完全正確。

我透過一個女生朋友的幫忙，聯絡上那位太太。她這個人很難接近，所以向她傳達她女兒的訊息並不容易，可不管怎麼說，那是人家交代我的任務。那真的是一個美好的經驗，就算當下我並不明白那個待傳達的訊息有何重要性。

不過我知道一切都是完美的，而我也經歷自己所應當經歷的了。

希樂凡．阿普力奇亞是公路運輸經理。這個四十四歲的男人在四月二十六日的時候，於里昂維樂楓丹的美居飯店參加催眠通靈會。他自從報名之後，便迫不及待地等著這場活動來到，也非常瞭解我們的特殊規定事項，明白自己必須不帶目的或特別的期望來進行這項體驗。我們從他的報告當中可以得知，除了懷孕六個月流掉的孩子，他於催眠通靈中所接收到的訊息，並不是要給他的，而是要給他所認識的人。

……啓程的感覺強烈到我以為自己會死，感覺不到自己肉體的存在，也覺得有點冷。而我也體驗了全身麻醉時感覺自己「脫離」所需承受的一切。

突然間，因為有些驚慌，我的腦意識分析直接帶我回來。

我再次讓自己放鬆下來，然後再次出發，只不過這次心裡更平靜、更從容了。

我很快地往上升，但不是在隧道裡，也不是在一張長椅上或是迷霧之中。

事實上，我就像是被吸入星辰之中，在裡頭旅行，接著，我又往上升，而我越是往上，就遇見越多認識的逝者，奇怪的是，那些人活著的時候並不一定和我相熟。

我再次看見了我媽媽的男友、我叔叔、我爺爺（我對他的長相沒有清楚的記憶）、我岳父、一個不久前才過世的同事、一個朋友的母親，還有其他我不認得的女性。

他們當中有兩個人要我傳達訊息給某些我認識的人，在那當下，我感覺到這些交給我的訊息，是為了要安慰接收訊息的對象。

這些人都有個共同點：對我所展現的愛與良善，讓我感到不可思議。

接著，一個十幾歲的孩子靠近我，同時對我說：「嗨，爸爸！」我和我太太在十五年前失去了一個懷胎六個月的孩子，我立刻就認出他來，儘管我不可能知道他會長成什麼樣子。但他很帥，就跟天使一樣俊美！他靠近我之後，就沒再走近一步，然後對我說：「他們正等著您！」見他的時間沒能夠久一點，讓我有點沮喪，我有太多事情要跟他說，可是他話才剛說完，我就又開始飛升，最後飛進了一道巨大的光裡，這道光強烈到我以為是這個會議廳的燈全開了！

我的身體很緊繃，可是我除了高舉雙手之外，沒有其他選擇。當我的手發熱並且顫抖之際，一個人出現了，而那個男人身後還有一個女人。兩人以充滿無盡愛意的眼神望著我。

奇怪的是，我感覺自己看清楚了他們的臉，可是卻又沒辦法描述他們的長相。

他們什麼都沒對我說，可是我聽見一個聲音對我說：「你現在可以下去了。」當下，我什麼都明白了，一切都是那樣地清楚與可理解。

我於是慢慢地往下降，因為滿滿的愛與情感，所以下降的過程頗為愜意。

在活動接近尾聲，我們與其他參與者共同圍成了一個圈，彼此手牽著手。我感覺自己被許多的溫暖與情感所佔據。

回到家之後，我沒辦法立刻和人談論這些。

得要等到幾天之後，我才能接受這一切，才敢說出自己經歷過什麼。當然，我也傳遞了那些訊息。

我想謝謝你們，就算以這次經驗而言，我所經歷過的一切都可能只是微不足道。

我還沒能完全明白自己要拿這一切怎麼辦，但是，我知道一件事，那就是，我要信任命運與人生！

不期而遇的逝者

在接受催眠通靈時，某位逝者的意外現身為某個獨立於心智的現象提供了充分的理由，而這樣的例子屢見不爽。有的時候，對我的研究感到失望的人當中有百分之六表示，這種意外的驚喜是他們參加的動力：催眠通靈參與者希望能夠與某個特定對象接觸，而當出現的人不符他們的期待，就會感覺失望。然而對希勒薇·貝特洛而言，當她在二〇一八年七月於漢斯參加催眠通靈時，情況就不是這樣了。儘管非她預期，但是那場相遇，如果不能說是個神奇的啟示，那麼就是個非常美好的驚喜。

希勒薇於一九五五年出生於一個我們界定為清寒的家庭。她從出生之後就備受疼愛，可之後事情就變糟了。

她對於童年留有幸福的記憶，特別是在泰迪叔叔家的日子。她還記得溫暖、愛與歡笑。

後來，人生使然，她沒再見到那部分的家族成員，只是她經常想起他們，而且想起他們的時候，心頭總感到幸福。

差不多二〇一〇年的時候，大概是出於直覺吧，她沒來由地深深想念起四十年不見的泰迪叔叔，而且那種想念的感覺鮮明而迫切，因此她開始想辦法尋找泰迪叔叔，可惜太晚了：當那些幸福的思念引領她進行調查時，她才得知泰迪叔叔竟在不久前過世。

十年過後，希勒薇參加了一場催眠通靈會。在活動進行的時候，她的態度明確。她無時無刻不想著泰迪叔叔，也同樣想念其他四位曾經是她人生一部分的逝者。她懷著單純探索的心態到場，只是想要向自己可能會發生的事情敞開懷抱。

她在進行催眠通靈之旅時，一位天使來找她，要帶她看看天使的世界。在那個世界之中，一切都是白的，明亮而透明；一種十分溫和但難以形容的白。她特別說明是一種擁有可烘托所有顏色的白。她說，在這個色調底下，一切可都襯得十分顯眼、明亮，包括天使的面容。她覺得這種和諧很美。後續是那位天使一直陪著她，進入了一道愛之光，而這道光向她傳達了與某個可能算是微不足道的問題相關的訊息。希勒薇這兩年來與幾個特別吵鬧又無禮的鄰居起了衝突，就算她決心不隨之起舞，這樣的日子也已經變得難以忍受，她無法理解這種考驗的意義，也不知道自己所採取的態度是否正確。當她問了這些問題：「為什麼會有這場衝突？為什麼這些人會出現在我的生命當中？求求您指引我，因為我需要協助。我需要重新檢討我的立場嗎？我應該要明白什麼？」答案立即出現：「誰說你不是他們人生的挑戰？」她內心的紛亂於是平息。這個指示徹底改變了她對於整個狀況的看法。此外，這些麻煩的鄰居幾個月後就會搬走，而按理說，那本來是不可能的事。

希勒薇在接受催眠通靈好幾個星期之後，整理散亂在一個紙箱裡的老照片。在泛黃的照片當中，這個幸運兒找到了過世的泰迪叔叔唯一留下的照片。事情很明顯了：在她接受催眠通靈時出現的那位面貌熟悉的天使，原來是她的泰迪叔叔！

她感覺到自己體內的所有細胞運行得更快了。她的心為喜悅所佔據，感激的淚水自臉頰滑落。她很開心他在那裡，並且能夠找到他，與他分享如此多的愛。她也確定永遠都會這樣。

希勒薇・貝特洛打從很小的時候，就直覺守護天使確實存在。現在，她相信了。

3

在靈界與牠們相遇

「必須當心那些不愛動物的人；那種人絕不會是好人。」我們常聽人這麼說，但我不認為這兩者一定相關。不過，對於那些虐待動物的人，或是在夏天為了去度假，把動物丟在路旁垃圾堆的人，就另當別論了。

我們的寵物對於主人的愛，強烈到可以界定為「無條件的愛」：牠們對於我們的情感無限，無論我們去哪裡，牠們都會跟隨，甚至根據某些催眠通靈參與者的見證，就算是靈界，牠們也願意去。我們離世的四腳伴侶在催眠通靈時，通常會以意想不到的方式現身，彷彿想要抒解主人的痛苦——有時候，還會是兒時所養的，但幾乎已不復記憶的狗兒或貓咪。

我拿到的許多報告中，就有很多是跟這些寵物相關。

耶安娜．馬特爾是個二十八歲的年輕生物學家。二〇一七年十月二十二日的時候，她在里昂接受了催眠通靈。

……我直起身子，在空中這道清涼而美妙的霧氣中翻跟斗。突然之間，一個生物出現了，我知道那是畢度，我那四年前死去的貓咪，我偶爾會在家裡看見牠，只不過總是像隔了層透明紙。可是這一次，牠的身影十分清楚，也比以前胖了。牠坐在我的肚子上。我很開心牠來陪我。只是我心裡還是有個疑惑：這真的是畢度嗎？此時，牠迅速地趴到地上，我看見了牠那呈問號的尾巴。畢度是唯一看見我們便會把尾巴彎成問號形狀的貓，而在這一刻之前，我還真的忘了這個細節。真的是牠沒錯！

至於二〇一九年三月二十二日於坎城接受催眠通靈的麗蒂．藍切洛布拉克，則是看見她最幸福的童年時期所養的小狗。

……其中一個出現在我面前的身影，是我養的第一隻狗優皮，也就是當我還坐在嬰兒推車上時，總會守護我的狗兒。我簡直不敢相信！優皮跳起來撲向我，熱情地歡迎我。能夠再次遇見牠，我真的很高興，我們很愛彼此，當牠走了的時候，我非常難過……突然間，所有在我童年時期養的狗兒和貓咪全都來到我身邊。牠們全都和我在一起，我真的好開心。

我們的寵物都是觸覺動物；牠們喜歡被撫摸，與人類肢體接觸。這種獨特的行為在催眠通靈時也會出現。

……我小時候的臘腸犬，以幼犬的模樣，來到我身邊討摸，我可以感覺得到牠身體的結實，皮毛的柔軟，以及耳朵的毛絨。我父親也在，然後是我奶奶——一副更年輕、更容光煥發的模樣——還有我姑姑。我和她們倆在一起的時候總是很愉快；她們是我最知心的家人。隨後出現了我母親臉孔的特寫，可是我記不得她對我說了什麼。

那裡有許多動物，我很喜歡牠們，對牠們也有深深的敬意。

——卡特琳．瓦藍戴

六月二日於梅茲接受催眠通靈

在這個獨特的次元之中，動物有利用心電感應與主人進行實質對話的能力，藉此給予主人建議或是關於未來的訊息。

……我來到了一座美妙的花園。我那於二〇一八年十月死去的狗兒西貝兒在那裡等著我。一棵雄偉的樹木：一棵老橡樹，粗壯而結實，四周圍繞著藍色花崗岩。和狗兒在一起，我心裡是那樣地富足、平靜且放鬆。我可以感覺得到牠「肉體的」存在；我撫摸牠的頭，感覺自己的手完整地觸摸到牠頭部的凹凸起伏。我知道牠讓我等待著。牠告訴我，我有工作得做；得接收關於我進化的訊息，以及給其他人的訊息。我在這裡待得很舒服，就是這樣，覺得這樣就已經夠了，因為我跟你們保證，我可以感覺到內在有一股強烈的平靜。我不再聽見夏博尼醫師的聲音，也失去了時間觀念。可我知道醫師的能量會伴隨著我，如同伴隨其他人。

我跟西貝兒在一起，然後看見一道白煙逐漸出現，彷彿戲劇演出時的噴煙效果！這道白煙非常強烈，並且發出了光芒，就在這時，一名男性到來。我一看見他，就知道他是我的指導靈，而且感覺對他很熟，不過我想其實是他對我很熟！我們一起走向一個「玻璃閘室」，西貝兒留在牠的能量位階上，我知道牠正介於動物世界與人類世界之間。我知道我們會再見面，所以不需要擔憂，也不需要阻擋。我跟隨我的指導靈。當我到了這個閘室，感覺到自己正以一種驚人的速度出發。一切有如電掣風馳，不過我知道一切都傳輸到了我的體內。一切全融為一體、沉浸其中。我一下子就和我的家人在一起：我的祖父母、父母、叔叔、伯伯、舅舅、姑姑、嬸嬸、阿姨，以及其他許多人……

——奈麗．杰爾曼

二〇一九年三月二十五日於坎城接受催眠通靈

在毛小孩安樂死之後

結束小寵物生命以縮短其苦痛折磨，從來就不是簡單的事情。就算是出於愛與憐憫，心裡依然還是會有懷疑與罪惡感。當安樂死的動物在催眠通靈時出現，讓主人知道，牠對主人的愛並未減損分毫，便能消除這種懷疑與罪惡感。

……接著，我與我的狗兒阿格莎接觸了。二〇一七那年，我不得不為牠進行安樂死。噢，那真的是一個痛苦的決定，可是我把這個決定當成最後一個愛牠的表示。就在這裡，牠就像以前一樣來到我的腳邊磨蹭，並用牠的臉頰嘴巴輕輕推了我幾下。牠對我「說」，牠現在過得很好，很輕鬆，也看得很清楚（牠在過世的前六年已經看不見了）。在我遭遇困難時，牠一直待在我們身邊，守護著我。牠很高興我們又養了隻狗，也為了那隻狗與牠品種不同而開心，牠說：「因為英格蘭㹴犬，就只能是我，沒別的好說！」一切又恢復了安詳、平靜與喜悅。這真的是太棒了。

——伏朗索芳絲．畢達

二〇一八年十月二十二日於布魯塞爾接受催眠通靈

……接著，一切放慢了速度。我的狗兒來到了這裡，也帶來了一股激動。在差不多兩年前的時候，牠因為肺栓塞，我們不得不讓牠打針。牠是一隻很棒的波爾多獒犬，我很愛牠，牠的離世讓我痛苦萬分，但是我不讓外人看出我是那麼地痛苦，因為我怕他們不會懂。

我可以感覺得到牠，摸得到牠，而牠看見我時，就跟往常一樣超級興奮。

——希樂凡．阿普力奇亞

二〇一九年四月二十六日於里昂接受催眠通靈

愛曼達是我一個很愛動物的朋友。她在義大利，與許多狗兒貓咪一起住在她的小城堡。她甚至還養了一隻很美麗的孔雀，每當她在那座由百年橄欖樹圍繞的花園裡接待訪客時，那隻孔雀便會在眾人面前展示開屏。在她的莊園裡，有一座獻給她的狗兒和貓咪的小教堂，她會為每一隻小動物的離去，安排一場美好的靈性儀式。在她一隻名叫巴夏的小母狗死去幾個星期之後，這位義大利的碧姬・芭杜（我特地為她取了這個稱號戲弄她）[1]來到法國參加一場催眠通靈。巴夏整整癱瘓了一年才走。這位女主人不願意倉促地讓牠接受安樂死。她寧願照顧牠到最後，並且半夜起來好幾次協助巴夏排泄。

可以說，我的這位朋友和四十公斤重的巴夏對彼此有著無條件的愛。她為了巴夏，將床搬到了一樓，以便照顧牠、餵牠，直到牠生命結束的那一刻。最後，這隻備受疼愛的動物耗盡了氣力，在女主人的輕撫下，眼神逐漸失去了生氣。

---

1 碧姬・芭杜（Brigitte Bardot, 1934～），法國五、六〇年代性感女星，有「性感小貓」稱號，後來成為法國動物維權人士。

……同樣在黑暗之中，我看見了上個月二十八日過世的巴夏。牠從右邊過來，往左邊而去，彷彿正走在一條下坡路上。牠的樣子比過世當時還年輕，應該是六或八歲吧，穿著一件潔白無瑕、非常美麗的外套。牠在我面前停下腳步看著我，眼神帶著一種寧靜與安穩的感覺，一會兒之後，又開始走牠的路。牠繼續往下走，然後消失不見。牠並沒有走向我，可是這樣的景象對我來說非常感動，也讓我非常安心。

——愛曼達・卡斯特洛

二〇一九年六月九日於拉羅許-蘇悠接受催眠通靈

奧馬從阿爾及爾到土魯斯參加催眠通靈。他是一位五十幾歲的優雅男士。我還記得他藉著這個機會好心送我們美味的椰棗吃。當他向我們說起泰山時，他的黑色眼珠就跟他的禮物一樣閃亮。

……當您說出「山脈」的名字時，一片淺色的雲飄向了我。我那三十多年前以九十六歲高齡去世的爺爺，突然從那片雲裡走了出來，還有我們的狗兒泰山。泰山親人又聰明，村裡的人都很愛牠，都叫牠「很棒的泰山」。泰山是警犬，一個法國軍人把牠送給我家族裡的某個成員。牠和我奶奶同時從這片雲霧裡走了出來。我奶奶呢，她看起來差不多五十歲，一如生前般健壯，穿著一雙黑色塑膠靴，一副到田裡工作的打扮。我才把右臉頰貼上她的右臉頰，她便即刻滿臉笑容地帶著泰山消失，並且透過心電感應讓我知道他們不能待得太久。

——奥馬．漢夏威

二〇一九年二月二日於土魯斯接受催眠通靈

我用愛來回報你

通常來說，你愛的孩子，他也會和你一樣愛著你所寵愛的毛小孩。在看普莉希拉的見證時，我們發現，在靈界的情況也差不多如此。

……一開始，我感覺到了我那兩隻在幾年前去世的狗兒：奇普與可可。我看見奇普像生前一樣在田野上奔跑。接著，我看到可可，可以感受到牠一如往常用濕潤的鼻吻貼著我的眼，用鬍鬚對我搔癢。我看見牠們倆像以前一樣玩耍，可是看不出哪個確切的地點，因為景象有點模糊不清楚。接著我一度感覺到了我的小男孩密朗——他應該六歲了——眼前的他是個小孩，而不是那個我在產房抱著的死胎。他長得就和他的孿生哥哥洛朗一模一樣。一個金髮的小男孩。我感覺自己哭了，在那當下，我的情緒激動。我看不見他對我說話，可是我明白他是以另一種方式和我溝通。他對我說，他把狗兒照顧得很好，他也很愛牠們。他還說，他會和所有和他一樣已經死去的孩子一起到天堂上學。

——普莉希拉・布魯爾

二〇一九年二月二十三日於尼斯接受催眠通靈

在催眠通靈的時候，偶爾可見到逝者正忙著生前慣常的工作，或是有他們喜歡的動物圍繞身邊，就像亞蘭一樣，我們看見他在靈界裡有馬兒陪伴身旁。

……我終於感覺得到手臂上的輕撫，像是有人的手覆上了我的手臂。霧氣中那張長椅讓我得以看見去年過世的死黨亞蘭……我很感動，感覺他整個人十分安詳、平靜……他也是坐在一張面對著田野的長椅上，而他鍾愛的馬兒就在那片田野上活動。很可惜我沒接受到任何訊息。是我在那個當下過於期待了吧……但我心懷感謝。

接著，我看出一個形體，是一隻狗的頭，但是接下來的部分我就看不出來了。事實上，那是一個女性朋友的狗，而且在上個月我讓牠「上了天堂」。我真的不敢相信在這個時候會遇到牠！我還看出了其他動物，特別是母鹿。

接著，我十四年前過世的父親也來了……那真的是個無比激動的時刻。他一開始沒說話，只是對我微笑。我覺得他看起來很帥，也這麼告訴他。我在幾件重要的事情上原諒了他，就在那個時候，他叫了我只有他會叫的小名。我心裡的寬慰化成了熱淚。一個緊緊的擁抱讓我心裡充滿了幸福。我的心裡強烈迴響著這件事不會是來自我的腦意識分析。

我還感覺到了其他的存在……接著，我死黨的媽媽也來了。她是個非常勇敢與堅強的人，看起來陽光而美麗，並且面帶笑容。她對我說，是她向自己女兒提示該幫小外孫女取什麼名字，而催眠通靈後的隔天，我的死黨證實了這件事。

——希果蓮娜．米耶爾

二〇一九年五月二十五日於貝桑松接受催眠通靈

在接下來的見證裡，又是一匹馬，或者應該說是一匹母馬在催眠通靈時出現。

……我看見一個很大的形體靠近我，那是我十二歲時得到的一匹母馬。我很訝異這樣清楚地看見牠，連細節都一覽無遺，像是牠額面上的白色痕跡，還有藏在裡頭的白色鉤形毛髮，以及牠的馬蹄鐵形狀。我從牠那裡感受到許多的愛，但是我之前並不知道我和牠之間有真正的連結。

——洛兒．樂依-馬可
二〇一八年十月二十九日於土魯斯接受催眠通靈

X太太在法國電視台擔任重要職位，希望匿名。這位女士是在二〇一九年二月二十三日於巴黎接受催眠通靈，她認為——而且顯然是對的——在這個活動中公然坦露內心感受，將會影響自己的聲譽。這些媒體高層都是聰明人，不容易上當，他們總會同一個節目上個十幾年，而且一旦論及瀕死經驗議題的，也只會有二、三個人表示自己在心跳停止的時候看見了靈界。

而一個願意配合的科學家，對於這個話題就會說：「是的，很奇怪，可是我們都不懂。想必是缺氧或是毒品引發的幻覺！」事實上，如果邀請另一個科學家，能提出個說詞，讓大家改變對於死亡或是意識運作的看法，轟動的程度還比較高吧！

不過在一個大眾對於這些主題的興趣晚了四十年的國家，要接受這番話還有點太早了。法國人總是在唯物主義思想的常規裡繞圈圈，當有人試著要拉他們出去時，便會粗暴地大吼大叫。

話說回來，X太太在催眠通靈時，遇見了她三十年前過世的父親。看見他，又能夠讓他緊緊擁在懷中，讓她淚流不止。這種經驗讓她心思紊亂。在她的報告當中，一隻小動物的出現具有某種特別的意義。

……出現了一隻被關在某種管子裡的小狗。我認出牠是四十年前在諾曼地闖進我車輪底下的狗兒。我把牠從管子裡放了出來，牠顯得異常開心。牠原諒我這場意外——好幾年來，我也因為這場意外而一直感到內咎，但牠在此時給予的愛，讓我心裡舒坦多了，我也問自己為什麼在人世間還沒有養一隻狗。牠活潑地待在我身旁，提議要當這趟旅行的嚮導……

當我們因為寵物離開人世而哭泣時，沒有什麼好丟臉的，不過知道牠們就算改變了狀態，也還是繼續愛著我們，會是平息哀傷的強大安慰。
是的，就算沒和牠們在一起，那條連結的線也從來不會斷。

4

我的催眠夥伴

當我把早餐吃完，便上樓回飯店房間換衣服。我喜歡在信任我的人面前穿著合宜；一件短外套、梳理過的頭髮、洗過香皂的手、刷乾淨的牙齒，對我來說，這是最低程度的著裝規範，而和我共事的人員也會遵守這個規範——但只有個例外，就是我不打領帶。因為有這個爆竹圍在脖子上，會讓我渾身不自在。

我很難明白為什麼某些講者會踩著踢踏舞的腳步，跳進了國際會議的舞台——真的，真的，我跟你們保證，真的有，我親眼見過——或是衣冠不整，像是要去海邊。我覺得那證明了他們完全不尊重特地為他們前來的聽眾。

「行前」說明會

九點四十五分的時候，我與站在會議廳入口監看的艾提安會合。他已經接待了那些參加者、帶他們入座，並等待那三、四個必然因為找不到地址或是為著找停車位傷腦筋的遲到者——當然，他們永遠都有好藉口。馬克這時已經開始演說，並且為了緩和氣氛，對著麥克風說了幾則趣事：「進入催眠時，你們還是看得見、聽得到，或甚至是聞到某些特殊的東西。你們也完全可以睡著，並且打呼。不過要是真的這樣的話，我就會處理。我會摸摸你們膝蓋，溫柔地叫醒你們。所以，要是你們感覺到有什麼東西摸了膝蓋……那就是我啦！」聽眾間發出幾聲緊張的乾笑。「有一天，我用這個方法叫醒一位太太，她簡直像個火車頭噗噗噗地發出聲音。在催眠結束時，她跟我們說經歷了一件不得了的事情：有人摸她的膝蓋！我對她說：『太太，不是的，不是死去的人摸您，是我，您發出的聲音太大，所以我把您叫醒！』那位太太很失望……」通常這個時候，聽眾會真正開心地笑了起來，特別是在法國南部的城市。中南部的利摩市以北，就不是這樣了：我們越往北走，乾咳就越是取代了笑聲；不過這並非表示他們不喜歡那則趣事，他們只是以不同的方式欣賞而已，至少他們是這麼對我們說的。

我不會洩漏馬克有哪些吸引人的花招，不過以下這個說法每次都獲得很棒的回應：「在某次進行催眠通靈的時候，我們突然有個很妙的點子，那就是買四十三張急難救生毯，免得大家還得自己帶。啊，就美觀層面來說，那會很好看。不然你們想像一下那個畫面：四十個人戴著耳機、眼罩，蓋著銀色紙張——跟你們保證，我們會以為自己到了另一個星球去啦……」

接著是一陣竊竊的笑聲。然後馬克又說：「……不過可惜，這應該只有一場活動可以用上這些金屬大紙張。因為那場活動一定會有一位參加者動了身體，而他所發出的可怕吵鬧聲絕對會吵醒大家！」照理說這個哏不會好笑，我也強烈懷疑你們讀到時會不會捧腹大笑。可是我向你們保證，在這種情況下，大部分的人，或是幾乎每個人都會笑；這顯示我們的參加者在進行體驗一開始時有多麼緊張。

我在二〇一四年十二月的時候，於加拿大開始舉辦這些催眠通靈會，接著繼續在法國舉辦（包括留尼旺島），可是得到的結果並不能滿足我。在這段時期，我在為十幾個人催眠之時，向他們提過心跳停止的病人體驗到了什麼：靈魂出竅、看見一條隧道，前方還有那道傳說中的無條件之愛的光芒、遇見逝者、重回人世……起初的構想很簡單。但在病人甦醒之後，我觀察到他們描述了在靈界的遊歷過程消除他們心中對於死亡的恐懼，也減緩了他們的喪逝之痛。我才認為透過催眠而進行的相同旅行，很可能會帶來同樣程度的安慰。

接著，我在主持某種關於假死經驗的小型辯論會時，鼓勵催眠通靈參與者描述他們的感受。大家坐在舒服或不舒服的椅子上，接受最多十五分鐘的催眠，其間沒有任何音樂伴隨著我的聲音。儘管基本流程與基礎結構很簡單，但我還是得到了某些結果：差不多四分之一的人會看見某個已逝的親人出現，也似乎因此而得到相當好的感受。

這當然很有趣也很令人驚奇，只是完全不足以繼續這類型的研究。誰會願意參加成功率只有百分之二十五的通靈會？於是冥冥中有股力量，就將馬克與艾提安派到了我身邊……這些，就是我在催眠前的開場所說的內容。

馬克・雷瓦爾是位廣播人，也是電視圈的資深製作人，他在許多電視台與廣播電台主持並且監製不同的節目。可以說他這個人的特點，是完全符合主持公眾辯論節目所需的種種條件。這個五十多歲的前橄欖球球員，幹勁十足、富團隊精神、言語坦率，他也是個好奇心旺盛的人，個性嚴謹、正直、有文化，還具備了綜合的能力，尤其熱愛醫學與死後世界的相關話題，只要我一出新書，他必定會邀請我上他的《馬克．雷瓦爾的晨間時間》（他於南方電台主持的二小時帶狀節目）。我們就是透過這種方式認識，並且互相欣賞。

二〇一六年的時候，他決定放棄南方電台的有給職工作，創立自己的公司：ABC TALK，並且跟著我進行催眠通靈計畫。他做出這個決定其實有點冒險，因為當時催眠通靈越來越引不起大眾興趣，他得要有某些勇氣與無私的精神才能走出原本的舒適圈，並且依照自己的興趣而活——沒錯，這的確是他的興趣！因為這位很快就成為我可貴朋友的人，很快便明白這場冒險相當有趣。這是多麼棒的通靈直覺啊！

馬克是我的防火線，這個傢伙能承擔一切！他會替我避開與刁鑽的召集人或是惡質記者的失敗約會：那些召集人會安排虛假的會議——沒錯，就算在這所謂的「靈性」圈子裡也會有——馬克很瞭解那些低劣的計畫。他在媒體圈的經驗替他配備了超級敏感的雷達，只要一遇到危險、邪惡的手段或是陷阱就會發出警告。我們不需要任何的廣告，因此我們回絕了大部分關於催眠通靈會的報導邀約，也難得接受記者採訪。我寫「我們」是有點誇張了，因為最後做決定的人是他，而我也任他全權處理，因為我那病態般的天真讓我什麼都看不見；我很容易隨便信任別人。

糊塗的催眠師

不得不承認，我經常讓我的團隊成員陷於尷尬的情境，例如忘記告訴他們我邀了誰參加某幾場活動，或是答應誰在我們要進行活動的城市舉辦講座。

我承認有的時候，我讓他的冷靜面臨嚴峻的考驗。

比如，我還記得某個星期一晚上，他人在土魯斯等我，而我人還在巴黎，一邊在電話裡對他說：

「喂，馬克嗎？抱歉，我有點遲到了。」

「沒關係，你大概幾點會到？」

「呃……差不多再一個半小時吧。」

「喔？」

「……」

「你在哪裡？」

「巴黎。」

「什麼！」

「對，不過您不用擔心，我正在上飛機，一小時十分鐘之後，我就會到鉑爾曼酒店了。」

「您在巴黎做什麼？」

「我們在為C8電視台錄製關於假死經驗的節目，結果我錯過了飛機，得搭下一班。」

「呃……啊……聽著，嗯……他們全都就座了，我會跟他們解釋，給他們喝個飲料……我猜你的車停在布拉尼亞克的停車場吧？」

「對。」

「好，我找人去接你，就可以節省十分鐘的時間。在這期間，我會講關於我們活動的趣事給他們聽，他們會很愛的。別擔心，我會處理。」

是啊，馬克會處理。真希望有朝一日他會寫一本關於催眠通靈幕後的書，因為就如同他所說的，「其實有很多幕後花絮可以說。」

幾個月之後，艾提安．杜邦——馬克最欣賞的聲音工程師——知道了我們所熱切捍衛的這項令人興奮的計畫，於是循著同樣的路，辭掉了南方電台的工作，加入我們二人組。

艾提安多才多藝。他是作曲家，也精通資訊領域，還具有一項獨特之處，那就是喜歡與受苦的人談話。為什麼我會用「獨特之處」這個詞呢？那是因為通常和我們同世代的人容易傾向於避開他人的不幸。大概是怕不幸會傳染吧。不過，這只是個簡單的結論：面對人生各種不同的悲劇，人人都會逃之夭夭！他那強大的同理與傾聽能力，能讓那些希望與人分享自身焦慮與憂傷的人感覺到寬慰，而他的積極活力與熱忱更能令人振奮。某些觀察家——我自己也是其中之一——認為他也是有通靈能力的人，不過這又是另外一回事了……總之，在走進會議廳之前，我總會問他意見：「看我們今天的參與者，覺得如何？」艾提安很少會誤判，他幾乎在那時候就會知道當天的活動順不順利了。

接下來，就等著馬克要我上台的信號了。

「我們歡迎尚賈克·夏博尼醫師……」

5

讓我帶你起飛

我知道他們的掌聲是真誠的。

當馬克說著我將會和參加活動的人個別打招呼時，我走進了會議廳，繞行著會場，與每個參與者握手。這對我來說是最為重要的時刻，並不像我朋友所說的被支持者簇擁或像個搖滾明星繞場那樣，完全不是。其實，它更像一種讓自我安靜的儀式，讓我更能好好欣賞那些即將與我共度人生中三個半小時的男女。在這樣的握手、肌膚的接觸當中，最重要的是即將參與催眠通靈的人，而不是我；總之我是如此看待這件事的。

我從他們身後走過，同時這裡那裡地跨過沿著牆壁擺放的袋子。在活動進行的這個時刻，他們都會面向排列整齊的桌子坐著。桌上擺放著活動結束時需要填寫的評估問卷，以及萬一乾咳時作為緩解之用的瓶裝水。正中央擺放的是四十三張著名的「夏波耶醫師的紅色扶手椅」（有些催眠通靈參與者在網路上是這麼說的），它們銜接起來就像一條紅色緞帶，強調每個人的期盼在相同的尋覓之中合而為一。

我很清楚自己對參與者的這種致意與感謝方式很獨特，這也可以讓我評估每個人的能量等級；他們的眼神或許散發著光采，或許逃避我的眼光，或許深邃，或許有力；皮膚或許溫熱；手指或許顫抖——有時，我會察覺到他們的顫抖或是緊張的汗水。也有靈媒或是靈性等級很高的人報名我們的活動，而我也能感受得到他們強烈的振動。

當這些介紹的基本流程跑完之後，我轉向我的iPad，開始播放幻燈片。我想對他們說的話都在這些幻燈片裡了。

腦意識分析與直覺意識

讓參與者明白這活動的功能與主要原則，以及何謂腦意識分析與直覺意識，可說非常重要，他們尤其需要消除心中的疑慮，因為恐懼會阻礙體驗進行。

其實沒有任何害怕的理由，因為催眠通靈，就像催眠一樣，不會有任何危險。沒有人一輩子都處在催眠狀態。確實有的時候參與者因為覺得被催眠時的感覺很好，所以在該醒來的時候稍微拖延了一下，這時，我就會進行個別的處理，不過就算我什麼都沒做，那些拖延醒來時間的人最後也一定會從扶手椅上起身，順利返家。

另一個需要澄清的誤會是：催眠者無法控制被催眠者。在某些大眾演出中，那些上台的人在催眠師指令下耍猴戲，給了我們這種錯誤印象。或許這些從台下觀眾隨意選出的志願者是真的被催眠了，但也要他們本身同意按照要求行動。

這種手法其實很簡單。主導催眠的人要找出催眠的目標，最經典的是讓手指「黏在一起」，而通常要從觀眾群中辨認出那種會積極回應指令的人也不難。當以這種方式選出來的觀眾上了台，便會模仿各種指定的姿態，而一個串通好的人則會自行做出指定的姿勢。

參與者為了配合表演中的團體，會乖乖地聽從指令：例如，他們會四肢趴在地上，汪汪地學狗叫，或是覺得很熱、很冷，也會化身為原始人或是古羅馬戰士。可以想像那些展現出不同程度的古怪和戲劇化的演出數量簡直是無限多。被催眠的對象會回應大部分，或幾乎所有的要求，但界線是設法不讓一個行為人違反自己的意志與道德而行動，比如犯罪。

這些表演對催眠療法的工作造成了損害，因為某些病人認為自己的心理會遭到難以拒絕的箝制，從而失去了獨立性，還會把存款花光，所以害怕諮詢。

其實，催眠通靈的目的就是創造一種催眠狀態，讓與感知相連的腦意識安靜地進行分析，以便獲得直覺意識的超感知信息。當我們分析一項視覺、聽覺、味覺、嗅覺或觸覺資料時，腦意識分析便會啟動，然而就算在被催眠，並且還戴著耳機的狀態下，我們還是聽得見隔壁的打呼或是咳嗽聲。不可能不對其他聲音進行分析，不可能在聽到咳嗽聲時不對自己說：啊，有人咳嗽了……但事實上，我們反而不應該對聲音過度分析，像是：該死，有人咳嗽了，我的腦意識分析要啓動了，直覺意識要熄火了，真倒楣，我竟然坐在一個會咳嗽的人旁邊，真希望他不會一直咳嗽，不然就完蛋了，我好不容易才進入催眠狀態啊……等等，否則我們會一整場都在抱怨、分析，完全沒機會讓直覺意識啟動。

過於強烈的動機也會啟動腦意識分析。假如某人參加這活動的唯一目的是與某位逝者見面，那他就很有可能會失望而返，因為他必然在過程中，不斷分析自己所期待的目標：我應該事先練習催眠的，為什麼別人的效果很好，我卻不是呢？我真沒用，什麼都看不到，什麼都感覺不到……等等。

為了克服這個可預見的失望，我習慣會這麼說：「要是你們來這裡是為了見到某位已經過世的人，或是有確切的目標，那麼，立刻忘記那些目的吧。你們來這裡是為了進行體驗，僅此而已。你會體驗到什麼就是什麼，宇宙會為你們決定最好的體驗。而你們什麼都不能決定。所以就放開心胸吧，什麼都不要期待。」

腦意識分析經常甦醒，就如上述，會破壞催眠通靈的完整。「啊，我的腦意識分析這隻猴子不斷地吱吱叫，讓我快瘋了！」一名因為無法讓腦意識分析安靜而絕望的催眠通靈參與者這麼對我說。

然而如果要使催眠通靈成功的話，就得在催眠時偶爾啟動腦意識分析：因為快速且短暫的分析，讓我們得以將直覺分析在啟動狀態時所接收到的東西牢記在心。但最重要的，當然是不要讓自己卡在連續不斷的分析當中：在腦意識分析與直覺分析之間的來回，最後將構成一篇可敘述的故事。

至於在催眠期間，某些參與者以為自己睡著了，或是沒有被催眠，他們估算自己的催眠時間從一個小時二十分鐘到二十幾分鐘，甚至是十幾分鐘，有的時候自己還會因為滿臉的淚水而大感訝異。這代表著他們忘記了大部分從直覺分析所接收到的訊息：因為他們的腦意識分析只有在催眠通靈結束時起作用，查禁了在直覺分析啟動時所接收到的那些不搭調的訊息——然而那些訊息或許足以讓他們激動流淚，而且它們不會遺失，往後還可以透過冥想或是催眠療法的協助，主動把它們找回來。

在我們學院的網站上，上傳了一份願意接下這種工作的治療師清單（依照地區分類）。這份清單並不完整。若想要列名其中，根據網站上刊登的行政管理規定，只要是執業中，並參與過起碼一場催眠通靈的催眠治療師，在按規定填寫網站上的表格，並且回傳給我們之後即可。我們設立這項系統是為了避免一些參加催眠通靈的人在與催眠治療師聯絡時，因為治療師並不瞭解我們的催眠通靈，或是對我們的手法有異議，而遭到粗暴拒絕。我們可以想像這番對話：

「喂，是的，您好，我想要預約催眠，因為我想要找回在催眠通靈時遺失的訊息。因為我的腦意識分析太強，所以已經不記得我的直覺意識跟我說了什麼。請問我可以約什麼時候呢？」

「呃，等等，我不做這個的，我不知道您的意思是什麼。您想要戒菸是嗎？」

讓腦意識分析放手

事實上，我們需要一點時間讓腦意識分析放手。有時候，我們可能在離開催眠通靈會時，感覺沒什麼特別的事情發生。

莉莉安從葡萄牙寄來她兩個月前在瑞士參加催眠通靈的報告。她表示，關於催眠通靈的記憶已經逐漸浮現。

我們鼓勵參與者將催眠通靈的體驗記述下來，這種作法，已經施行了一段時間。那些記述最好是隔個幾天或是幾個星期再寫，內容會更加豐富而完整；若是隔幾分鐘就寫，雖然內容還是很棒，但會非常混亂，就如同我們在報告時所聽到的那樣。

隨著時間過去，某些在催眠醒來時為腦意識分析所屏蔽的體驗情景，會趁著冥想、內心平靜、入睡或是自我催眠的期間重新浮現腦海。在這樣的時候，於催眠通靈時由直覺意識接收到的訊息，將能重新獲得，並開始進行拼湊。

以莉莉安的例子來說，她體驗到的內容具組織性並相當豐富，而距離所參與的催眠通靈會也已經有兩個月了，但還是看得出來，她還沒找回所有的訊息。她寫著：「一個信號指出該是我繼續參觀其他路線的時候了。可是我不記得參觀過了哪些站……」莉莉安的記述內容很可能在四或六個月之後會更進步，也會更加完整。

我在收到的假死經驗研究報告當中，找到這些：那些體驗者在心跳停止之後，會感到驚愕，並且無法說話。他們知道自己正體驗著某種非常強烈的東西，可是那個東西是什麼，他們並不清楚。到了後來，一切才有了組織，因為一回到了現實，腦意識分析就會立刻起作用。

催眠通靈的體驗並不只是進行完三、四個小時就終止，你甚至要花上好幾個月才能心領神會。我們不妨來看看莉莉安的心得報告吧。

……我在二〇一八年十二月十五日於日內瓦參加催眠通靈會。我給自己一段時間休養精神，好讓記憶浮現。一開始，有幾個記憶很快就回來了，其他的則是在這幾個月逐漸出現。

以下是我的催眠通靈記述。

由於艾提安就我的聽力問題所給予的鼓勵，我參加了宣召。我這個人一向不喜歡陌生人的觸碰，但是當我們拉起了旁邊的人的手圍成圓圈時，那股溫暖力量讓我感到安慰。

現在，我舒舒服服地坐在帆布折疊躺椅上，等著去靈界與那些離開人世的親人見面。

我依照艾提安的建議，任由您的帶領。您那溫柔且令人安心的聲音比言語更能讓我拋開拘束。我漏掉一些字語，那是我的腦意識分析介入了。我要它安靜，好讓我傾聽直覺分析的聲音。逐一觀照脈輪的過程頗為漫長，讓我想要逃。然後，我的腦意識分析又想要奪回主導權了，我再度要求它讓我聽我的直覺分析說話。在感受過我的脈輪與銀色繩索之後，我沒有感覺到脫離了身體，但也看不見飯店與地球，反而覺得自己很快地被吸進了一條黑色隧道裡——與其說是黑色隧道，其實更像是一架有窗的火箭。我看見了宇宙、星辰與銀河，感覺自己成為了一塊布幕的一部分；而這塊布幕比我在巴黎發現宮科學博物館裡所看到的還生動活潑，我真的就在這塊布幕裡，多麼奇妙啊！

在第一階段裡，我看見雪中鄉村的景象。那把長椅是木製的，我坐了上去。天氣雖然寒冷，可我並不覺得不舒服。在一片濃霧之中，我看見了一個人影。隨著那個人的逐漸走近，我發現他像是一位穿著大衣、戴著風帽的僧侶。當他靠近我的時候，我認出他就是我那於二〇一六年離世的表哥米歇爾。

他的驟然離世讓我大受震撼。因為當時他才滿六十二歲，而我也二十年沒他的消息了！眼前，米歇爾對著我微笑。他的眼睛閃著喜悅的光芒，整個人看起來也很好看。他在我身旁坐下，我還沒來得及問他什麼，他便開口提我的健康問題。「你的聽力問題與你的直覺有關連。你以為自己聽不見是因為聽力出問題，其實相反。多傾聽你內心的聲音吧。」

米歇爾向我保證我的健康沒有問題。接著，他陪著我走向一架外型像飛碟的交通工具，裡頭有一位天使在等著我。這位天使將陪伴我到第二階段去。

在第二階段，我置身在一片湖光山景之中。天氣晴朗炎熱，花香撲鼻，有一座高山小屋，還有椅子和桌子。人們圍著桌子上的飲料與點心坐著。在小屋旁的那些人當中，我看見了我爸媽，還有他們兩邊的家族成員。他們朝我揮手，愉悅的模樣，讓我確定他們都過得很好。在這座公園的稍遠處，有幾個孩子正開心地玩耍，其中有個年約七歲的小女孩轉頭對著我微笑。我停了一下腳步，看著她。這個有著半長金色捲髮、綠色眼珠的女孩長得和我很像，可是我不知道她是誰。我繼續走的同時，看見了孩提時代很喜歡的一個表姐。她這個人就算是難過的時候也總是開朗地微笑，也會安排遊戲給小孩玩。而在這片景象當中，她也一樣繼續安排遊戲給小孩還有大人玩。我站在一些小孩與大人之間。他們唱著電影《真善美》裡的歌曲，繞著圈圈跳舞。

在那些人當中，我認出了米雪兒——一個三十年前因悲慘遭遇而過世的朋友。她面帶笑容，我甚至感覺到她的手放在我的手背上。一個短暫卻強烈的接觸。

一個信號指示我該繼續前行到其他「情境」。我不記得其他到訪過的階段，不過在升向更高階的情境時，我是坐在一架很像在《星際大戰》影集裡出現的太空船中，由一位天使陪伴。不過現實中的我，可是很討厭這影集呢，但是我得承認自己當下覺得很好玩。

我還記得最後的情境，以及與一個二十四年前過世的朋友多明尼克的相遇。他的驟逝讓我無語，而在這個階段見到他，對我來說是個恩賜。

多明尼克在礦石布景當中迎接我，我感覺得出這是與某個私人計畫相關的指引。他還向我揭示了我過往人生的概觀，以及現在與未來的情感計畫。而他最後的話語是：「沒有什麼事是嚴重的，一切都是合理與完美的。繼續加油。」

回歸與身體連結的過程，充滿了和諧與平靜。我清楚地聽見您的聲音引導我與這裡、現在重新連接。

——莉莉安．夏胡伯

二〇一九年二月十四日於里斯本

傑哈汀娜．洛伯侯花了一個月的時間「消化」自己的催眠通靈，讓自己的腦意識分析終於讓步，接受她的體驗。因為與逝者的接觸，和我們從父母、學校，有的時候甚至是大學（就如同以下例子）所學，在認知上會出現不一致。畢竟傑哈汀娜是復健醫師，而腦意識分析經過經年累月的格式化，會排斥與靈魂世界的接觸，僅接受所謂的科學資訊，於是會開始進行篩選與剔除的工作。除非有別的科學家指出其他的可能性，讓事情出現重大變化……

來參加我的活動的催眠通靈參與者都很瞭解我：一個搗亂腦意識分析的科學家，不過不管如何還是科學家。

醫師您好：

之所以到今天才寫信給您，是因為我需要時間讓我的腦意識分析放手，並且說服自己相信在催眠通靈中所進行的接觸都是真實的。

在催眠通靈之後，我立刻感覺到內心獲得了安撫與一種以往從未曾體驗過的平靜。只是我的腦意識分析總是對我說，我所經歷的只不過是心靈投射，而非與逝者的真實接觸。今天，在這件事上，我改變了主意。因為自從這次體驗過後，我所有的感受都讓我相信那是真實的。

以下，是我的記述：

我懷著緊張的心情來到了這場催眠通靈。一向對什麼都莫名其妙害怕的我，心裡果然懷著恐懼。馬克·雷瓦爾的演說安撫了我，而您的到來讓我放心。

我聽著您的MP3錄音做準備，整個人立刻放鬆了下來。這是生平第一次感受到內在那一股已然強大的能量與熱往脈輪上升。

接著，是脫離了身體——我眼前沒有任何畫面，可是我清楚看見了與腳上那條銀色繩索連接的地球正逐漸遠離。我感覺自己在飛，而且是真的在飛，我整個人充滿著一種舒適感。這是一種全新的感受。

第一階段。在一片迷霧當中，我看見了許多發光的影子，可是距離相當遙遠。我的腦意識分析稍稍回歸：太明亮了，以致於我以為自己的眼罩沒戴好，有人開了會議廳的燈。我掀起眼罩，張開一隻眼睛，才發現其實並非如此！

我看見我那隻已經不在世上的狗兒正蹦蹦跳跳，但是我的腦意識分析這時又發揮了很強的存在感，我猜想這是我的心智傳給我的。我想起我那位因為再也忍受不了自己的癌症而自殺的叔叔。他看起來，就和我媽媽家的那張照片上一樣。當下，我又對自己說：「是你的腦意識分析讓你看見這個景象。」可是昨天去我媽媽家的時候，我發現照片中的他，表情完全不同。在催眠通靈時看到的他，臉上是帶著滿足的笑容，整個人寧靜而莊嚴。我的左手感覺到了一股壓力，彷彿讓人給握住了。我立刻就知道那是我的奶奶！我流下了眼淚。我看不見她，但是感覺得到她。我感覺自己的頭正偎著她的肩膀，並且也實際感受到了壓在她肩膀上的感覺，就像她還在的時候一樣。

接著一切全都變成了紫色；眼前景象的紫色，由濃而淡。有海洋、懸崖、丘陵起伏的原野，看起來就和我的故鄉熱爾省一樣，還有一棵看起來像是橡樹的雄壯大樹。一切的形狀都圓圓胖胖的，就像卡通片一樣。我抱住了這棵雄壯的大樹，然後與它、與土地、天空、海洋以及整片風景，進行了能量交換。接著，我又看見了我叔叔，也再次感覺到了我奶奶。我要求見我爺爺——他在我六歲的時候過世。我對他沒有任何記憶，這讓我很不好受。我知道他在，可就是看不見他。我感受到了一種無條件的愛所帶來的強烈而平靜的力量。我歡喜地哭了。接著，我又要求見我那一歲便因血癌過世的教子。從催眠通靈的一開始，我就在找他。我爺爺指著天空一顆閃亮的星星還有太陽給我看。我看見了太陽的內部逐漸顯現出他的身體形狀。我感覺他在另一個更高級的情境中。他閃閃發光，讓我充滿喜悅。我非常開心能夠感覺到他強烈地發光。

然後，您要求我們升向無條件之愛，並且問問題。我才想好了問題：「真正的我，是誰？」整個人便又快速下降，然後發現我就在自己的上方，彷彿有人對我說：「您看，這就是您，沒有別的了！」我就這樣等待著，等您結束其他參與者的旅行，讓我們重新回到身體的時刻到來。

這，就是我的記述。我花了一個月的時間寫信給您，因為我一直在理性主義的一面與比較不理性的另一面之間掙扎。我是復健科醫師，也偏重科學，可是我總是在受到其他東西吸引的同時，努力地保持科學性的一面。而正是因為如此：在「非理性」之中，總有科學性的一面，我才會喜歡您的文章與您的工作。最後，自從參與過了催眠通靈之後，我明白必須放手，不再壓抑自己與精神，以及與另一個情境連結的那個部分。

是的，腦意識分析有一個缺點，那就是：篩選並淘汰與自己所習得的一切不相符的資訊。這是視錯覺的原則：當我們要將一個不連貫的圖像形象化時，我們的腦意識分析會對圖像進行改造，使其符合邏輯，可是這個重新打造的圖像事實上並不存在。

在假死經驗或臨死經驗當中所經歷過的那些敘事性片段，與我們西方社會所學的唯物論相悖。遭遇過心跳停止的成人當中，只有百分之十二到十八的人會敘述這類的體驗，然而在相同情境下，根據美國兒童心理學家梅爾文·摩斯的研究，卻有百分之六十五的孩童會給出類似的敘述。孩童的腦意識分析強度尚未因這種淘汰系統而格式化，因此強度比成人弱。為此，孩童在七或八歲之前，會有前世記憶或是通靈能力。

進入催眠通靈之前

我所使用的催眠技巧顯然是有效的，因為開刀房的麻醉醫師就是使用這套技巧。催眠之旅並不像手術催眠讓當事人移動到某個鍾愛的地點，或是某個特殊的娛樂活動再現，而是一種有臨死經驗（或是假死經驗）的人所敘述的體驗。不過一切並沒有建議的作法，因為在這些情況之下大家的敘述會大同小異，那根本沒有意義。我會向參與者提議幾個從「體驗者」的記述當中所找出的狀況，接著在好幾分鐘之間，不給那些進入催眠的人任何特殊指令。過程中總共會有五到六個靜默的階段，也就是除了透過耳機播放著由艾提安編曲的音樂之外，不會有任何聲音，而也就在這些時候，我們可——或是不可——察覺到直覺意識的訊息。

我習慣說自己就像個公車司機，載著催眠通靈參與者去旅行，沿途會有幾個休息站（就是靜默階段）。他們不管什麼時候都可以搭上行駛中的車，來趟不同的旅行，以比公車快或慢的速度往目的地去，心情好的話，也可以再坐幾趟，不用擔心要負什麼責任。最重要的是他們的旅行。要是他們覺得我給的某個建議不合適也沒關係，就試試下一個吧；但要是不顧自己的感覺而強迫自己接受，腦意識分析就會啟動。要是下一個建議也不行的話也一樣，千萬不要去強迫或強求什麼。

我們曾經有過一位天生耳聾的催眠通靈參與者，她聽不見我的任何建議，可是卻做了連續三次的回溯，並且獲得了非常美好的經驗。她在報告的時候告訴我們，自己與這整個會議廳的能量連結，從耳機裡接收到的幾個振動就足以讓她脫離身體。

在解釋過腦意識分析與直覺分析的概念，以及我的催眠技術原則之後，大家會休息五分鐘，安靜地體會方才所聽到的內容。

大部分的參加者會起身上廁所，或是動一動發麻的雙腿。其他人則是寧可待在座位上，與隔壁一樣沒離座的參與者討論。我則是趁這個時候念誦畢奧神父[2]的保護禱告詞。這個特別的禮物是我的靈媒朋友蜜雪兒．西法特送的，而在一年之後，她便以九十三歲的高齡辭世。當蜜雪兒把這張禱詞交給我時，說我很快就需要用它來與靈界搭上線。當時我以為她是隨便說說，完全料想不到自己竟會有利用催眠與靈界搭上線的一天。

她的預言又再度成真。現在，每場催眠通靈活動之前，我一定會念誦這個禱詞。[3]

✷

我們的催眠參與者在經過短暫的休息之後，單獨或三兩成群地回到了這個會議廳，各自坐回了位置。

不過不會太久，因為馬克請他們站起來，在會議廳中央圍成一圈。他從來不忘建議他們別踩電線，更別撞到調度器。與此同時，艾提安架好了直立式麥克風，因為當我們一同祈禱時，我得在與大家手挽著手的情況下說話。

這個時刻非常重要。與靈界溝通有豐富經驗的研究者都知道不能隨便亂來，也不能沒有保護措施。為此，我們的活動不希望錄影，因為可能會遭受不正當使用。

集靈

我使用的方法很特別，因為我在大學十年所受到的教育（七年是醫師養成，再來的三年是為了取得麻醉科暨急診重症搶救專科醫師執照），並不會阻礙我傾聽某些被科學社會批判為邪惡，而大部分的同業認為愚蠢的薩滿教建議。而我的態度讓人不快，是因為我並沒有選邊站，我甚至採取同樣的尊敬態

2 畢奧神父（Padre Pio，本名Francesco Forgione, 1887-1968），義大利籍神父、神祕主義者，後獲羅馬天主教會追封為聖人。

3 作者註：禱詞收錄於書末。

度來談論醫學與薩滿教。此外，我不知道為何醫師比薩滿值得更多的尊敬?對我來說，兩者同樣誠懇正直，而且皆以「依所學改善人類條件」的態度從事他們的工作。所以，是的，當我與地球上的其他住民組成這個保護「集靈」[4]，讓我們的活動以最好的可行方式順利進行時，我並不覺得自己是醫師或是薩滿，而只是一個人而已。一個與他人因相同信念、相同盼望、相同理解——也就是讓我們與宇宙萬有連結之物——而相聯相繫的人。

當我就像連結兩個世界的橋梁，在麥克風前站定時，那些催眠通靈參與者已經照馬克的建議，站在他們的紅色扶手椅前。大家站成一圈準備進行冥想，並為此而安靜不作聲。我請他們左手手心朝上以接收能量，右手手心朝下以給予能量。我們以這種方式所結合而成的鎖鏈，強大而充滿生氣——經常有人在給我的報告中提及，自己感受到這種力量。

無論在催眠時或是在這個流程當中，我不念任何文句，寧可任我神經元之外的直覺引導我。

我高聲感謝我們的指導靈讓我們齊聚一堂，共同進行這場體驗。我請求祂們賜恩，給予我們最好的保護，表明我們謙恭地齊聚這裡，不想打擾任何人，只期盼能夠接收到無形世界給予我們或我們親人的訊息，並且知道在彼岸的親人狀況如何。我們安靜地專注於這些感謝詞與目的一小段時間。

在催眠結束之後，我們也會以同樣方式圍成一圈禱告，感謝指導靈，並請求祂們回到自己的地方，好讓一切恢復如常。

大概就是因為這些集體禱告，所以某些人才會說我成了某種宗教導師。在西方世界裡，「宗教導師」這個名詞帶有貶意，因為我們把宗教導師比做是利用人心脆弱的教派首領，可是要人祈禱這個叫利用人心脆弱嗎？如果對此給予肯定的答案，就不是聰明的行為了，特別是被不當指控的那個人並未有任何

4 「集靈」是一個神祕的概念，指的是當群體具有共同動機（由該群體的思想構成並對其產生影響）時的精神表現形式或思想形式。

宗教主張。事實上，沒有人能夠說我勸誘別人改變信仰，因為我並未從事任何教條主義活動；我是——也一直都會是——無拘無束的人，任何想要把我拉回軌道的嘗試都只是白費力氣。

其實，每次我可以藉由三個特別的時刻，猜測出人們在活動當中的體驗，以及其強度與品質又將會是如何：首先是在我走入會議廳前，艾提安對我說他的感想；然後是我與參與者打招呼、握手的時刻；再來就是這個冥想的時刻了。在這些特殊的時刻當中，有的時候，我會感覺到一股難以言喻的戰慄傳遍背部，在那個當下，我幾乎可以確定我們當中的某些人將會經歷令他們萬分激動的時刻。接著會有許多人流著眼淚，以虛弱的聲音敘述他們的見聞；而在活動結束之後，他們接過傳來的無線麥克風，顫抖著嘴唇說話，並且捨不得將麥克風傳給下一個人。我們會提醒他們內容要簡短扼要，因為其他人也得發表見證，可是得承認大部分的時間裡，我們不敢打斷這些「蒙受恩典」的時刻，因為這些時刻實在太激動、太強烈了。

有幾次，我倒是感覺到了某種防備，某種不自在，而艾提安也證實了：

「嗯，我覺得他們都好緊繃……不確定是不是因為這一趟路太累的關係。他們都很緊張。馬克想辦法讓他們放鬆一下，可是沒有用，他們都不笑。總之我們看著辦吧。希望是我錯了……」可惜就這一點來說，艾提安永遠都不會錯。我自己也感受過這些會以「不同方式」擾動活動的負面能量；而所謂的不同方式，有時是當我逐一與參與者互動時，向我投來惡意的眼光或是不理我；有時是個不想與隔壁牽手組成一個圈的參與者；有時甚至是個反對者，他想證實我的催眠通靈活動是不是騙人的勾當。我還記得有一天，有個參與者以為眼罩泡過了麻藥，所以不願意戴上。

我們曾經猜想，或許有人來報名，只是為了窺探我們的活動，再於社交網路上展示，但也可能是某個同業受託參加，以便會後呈交一份詳細報告給醫學委員會。

其實我能很快地辨識出哪些人是「奸細」：他們通常會獨自前來，並且在活動前後都會詢問參與者問題，而當我與他握手時並不看我的眼睛，還會時時做筆記、用手機拍照，而在大家報告心得時不發一語，只會低著頭直接把麥克風傳給隔壁的人。

我會看著對方，但什麼都不說。不公正的委員會，在乎的只是圍籬的大小：必須不讓任何枝葉探出去，還要看起來整齊得體、符合行業的標準。委員會讓我在二〇一八年的時候不得不接受精神疾病鑑定，但是他們當中沒有人認為那已經過當，而且似乎還認定這是理所當然。然而這種恫嚇的手法並不能使我退縮，反而堅定了我站在反對面的立場。

後來，委員會甚至騷擾我，要我不再進行令他們坐立難安的催眠通靈；他們在二〇一九年的時候已經判我停業三個月，暫緩執行。對他們來說，「醫師」這個名詞，不能與「催眠通靈」結合，因為這個療法並未獲得醫學體系承認，就算他們每個人都知道我三十多年來從事的是何種行業。

我還記得當我收到消息時，我與我的律師的對話內容：「就因為這樣停業三個月?律師，我要上訴，您同意嗎?」我料想他會給我肯定的答覆，因為他先前跟我說，要是我受到任何懲罰的話，我們就會往前進攻，畢竟我沒有傷害任何人，也沒有任何病人所受的傷害或是投訴得算在我頭上。另一方面來說，我從未宣稱催眠通靈是一種獲得醫學承認的療法，就算我為了讓催眠通靈成為一種獲得醫學承認的療法而努力奔走。

結果，律師的回答令我大感意外：

「隨你，不過就我個人而言，我並不建議你提出異議。」

「可是你說過要是我受到任何懲罰的話，我們就會去上訴啊！」

「是的，沒錯，可是這個並不是警告，也不是懲戒，而是停業，是不一樣的……」

「對，更糟糕。」

「是的，更糟糕。那很嚴重的，代表他們真的對你懷恨在心。他們都已經讓你接受精神疾病鑑定了……」

「可是到現在我還是不明白為什麼。他們以前是支持我的。」

「是啊，可是以前你不做催眠通靈的。現在你卻提出催眠通靈這個不被醫學承認的全新療法。」

「我知道。我願意照規矩來，並且在醫學辯論會上提出我的研究結果。

這樣對他們來說還不夠嗎？」

「你的研究都還沒獲得承認……」

「我正在努力。要是我們不能提出新的東西，就永遠沒辦法往前進了！」

「我知道，就是這樣，我再說一次，做決定的人是你。你被判停業三個月，暫緩執行，實際上對你來說，一切並沒有改變。你還是可以像以前一樣工作。要是我們上訴的話，你就有可能得真正停業三個月了。我認為要是你不服的話，實際執行的可能性很高。

「大概一年左右，國家陪審團就會審理你的案子，因為地方陪審團已經判決過了，所以就換國家陪審團了。」

「國家陪審團是誰？」

「就是國家委員會。」

「換句話說，要是我不服國家委員會的判決，又得再讓國家委員會審判，真是荒謬不公平。他們是法官又是當事人啊？」

「法律不是我定的。實際運作就是這樣的。」

「好吧，我懂了，真是爛體制。就維持這樣吧。」

是的，在這些時刻當中，當我走進競技場時，就知道有什麼在等著我。當馬克宣布我進場時，門打開了，而我就像一隻在地毯上繞圈之前先踢蹬幾下的小公牛，準備與某些人的殘酷與不公正搏鬥，也準備與他人體驗與分享情感洋溢的美妙時刻。

準備起飛

終於，他們全都坐上自己的紅色扶手椅了。期待的時刻來臨了。幾對夫妻情侶相互貼臉親吻，彷彿即將踏上漫長的旅程，其他人則是彼此牽起了手；每個人都有讓自己安心的方式與癖好。

我還記得一位老太太帶了隻褪色的小熊娃娃來。那隻小熊已經有六十七歲了，就與那位親切老婦的年紀差不多；還有一位散發著總裁氣場的先生，腳上套著粉紅色兔頭形狀的合成毛皮鞋。某些毯子有象徵吉祥之用：印上的圖樣大多是愛心與花朵，有的則是山景或海景；有的毯子上頭寫著神奇的句子，像是「孩子晚安」或「我愛您」、「別擔心」，或是「別吵我睡覺！」

不過在讓他們完全進入催眠之前，我還會對他們提出一連串的叮嚀：

「你們會保持同一個姿勢超過一小時，所以你們得找個舒服的姿勢。你們可以脫鞋子，讓自己自在一點；也可以把腳打開、把手臂張開。你們的頭，得靠在椅子上或者是你們帶來的枕頭、墊子上。不要讓毯子蓋住耳機線。鬆開你們的褲子、皮帶、裙子，不要讓腰間有任何妨礙。

「在進入催眠的時候，你們的腹部肌肉會非常放鬆，以致於在吸氣時，當橫隔膜下降讓空氣進入肺部，你們的肚子會脹起來。還有，呼吸的頻率會降低，有可能降到每分鐘十五次，而在安靜狀態下，呼吸的頻率是每分鐘高於二十次。為了讓這種特殊呼吸更為順暢，我們在活動開始之前會做兩到三分鐘的過度換氣練習——這是一種大呼吸運動，讓靜脈血液中的二氧化碳濃度降低，而低濃度的二氧化碳會引發延髓的反射，導致呼吸頻率降低。

「你們要用鼻子慢慢地用力呼吸，盡可能吸進最多的空氣，接著以更慢的速度用嘴巴吐氣。你們吸氣大概算個三秒，吐氣大概算個五秒。要是你們因為感冒或是長鼻息肉，覺得用鼻子呼吸不順的話，可以用嘴巴吸氣和吐氣沒問題。

「在催眠過程當中，心跳頻率也會逐漸降低。心跳有可能在你們情緒激動的時候，像是看見逝者或是聽見逝者的聲音，出現零星的加速現象。這種激動情緒是正常的，也是可理解的，但是很快就會恢復如正常生活般的平靜，不會有醫學禁忌症發生。而且在催眠通靈當中，一切都處於休息狀態。這幾年累積下來的無數回覆，讓我們敢說催眠通靈參與者在催眠通靈過後的幾天當中，通常都會覺得精神奕奕。」

接著，我要參與者看著天花板上的一到兩個細節，評估其高度為何，再要他們看著眼前的一到兩個細節，評估與自己之間的距離多少，再以同樣的模式找出在自己左邊或右邊的物品或是圓點。在建議脫離軀體時，這個練習是讓他們用來在空間當中精準定出自己的位置。

當會議廳慢慢變暗，我要求他們仔細觀看我投射在銀幕上的照片。那是一棵低矮的樹，樹幹粗壯，可以想像肥大的樹根深深地牢牢扎在土裡。稍後在催眠當中將會提到這個圖像，讓他們有一種身體在土地扎根的感覺，使脫離軀體的過渡階段不會有任何問題出現。

在我初期舉辦的催眠通靈會中，曾經有一名女性參與者在我提示脫離軀體時，因催眠而恍惚的她猛力蹬腳，由於她的肌肉伸展實在過於急遽猛烈，整個人因此摔到地板上去了，幸好人沒受傷，只不過她摔下來時的聲響過於吵雜，讓我不得不中斷催眠，扶她站起來。

當時，參加我們活動的人只有少少的十幾個人。他們是坐在一把簡單的椅子上，催眠程序當中並未提到扎根，也沒有音樂伴隨。後來有了很大的改變：在身體因為催眠而和幾分鐘之前所看過的樹木一樣穩固的階段當中，我會誇張地壓低自己的音調，再配合艾提安的超低頻音樂，讓參與者雙腳沒有離開地面的可能。

最後一張投射出的圖像，是個盤腿打坐的人體線條。脊椎部位到頭頂之間分布著七個彩色小點。參加我的催眠通靈會的人大多都認識這些能量中心，因為大部分對於靈性世界有興趣的人已經聽過「脈輪」了；而某些參與者本身就是靈性教練或是治療者，也經常利用脈輪治療他們的客人。

印度教古老的文本提到，人體分布著八萬八千個脈輪。其他的醫學也以自己的方式承認脈輪的存在：在中國，脈輪與針灸結合；在西方國家，脈輪則是與神經叢（最為人所知的，就是位於橫隔膜下方的太陽神經叢）相對應。瑜伽、陰陽、冥想、修身養性或是其他替代療法，就是為了修復分隔各個點的能量傳導之活力，從而使這些點達到彼此調和。

可以確定的是，由於這些微小的能量不可分析、不可見、不可測，因此醫學系不教！我是憑著個人的閱讀進修，以及與靈媒、薩滿的大量討論，才利用脈輪進行催眠通靈。

而我要他們做的脈輪之旅，就從紅色海底輪出發。海底輪位於肛門與生殖器之間；接著來到橘色腹輪。腹輪位於下腹部；往上走，分別是黃色的臍輪、位於胸部中央的綠色心輪、藍色的喉輪、紫色的眉心輪，最後抵達的是頭頂上的白色頂輪。

回歸時，當自己與軀體重新結合，這些能量又以相反的順序重溫一遍：從白色開始，於紅色結束。

馬克再次過來進行最後一次的調音，而艾提安則是在講台上安裝他的混音器。等這些動作都完成後，我們便邀請參與者戴上眼罩與耳機。他們必須利用幾個建議的方法，測試聲音是否可以從右邊傳到左邊，因為我們在催眠通靈過程當中，會運用聽覺交替刺激右腦、左腦，藉以加強催眠暗示的立體效果。

接著，我站上了馬克的位置，下「催眠開始」的指示。

艾提安在我身旁，手握著滑鼠。他微微點了點頭，示意一切都已經ＯＫ，催眠通靈之旅可以出發了。

此時，這整個會議廳沉浸在黑暗之中。

我們即將起飛……

降落

四十幾副耳機裡播放的音樂強度逐漸減弱，經歷了一個半小時的催眠之後，我得讓他們慢慢著陸。

「……我會數到十。到十的時候，你們才會完全醒來，你們的意識將會完全正常，而這趟旅程的一切也將鉅細靡遺地留在你們的腦海之中。我要數一了……一，你們的四肢變輕了，身體變輕了。二……二，你們的身體不再沉重，你們的雙手和雙腳不再沉重……三……三，牢牢扎在土壤裡的根收回來了……四，不存在了……五，你們的腳變輕盈了……六，你們可以輕鬆地讓腳離開地面……七……七，你們可以伸伸懶腰，就像經過一夜睡眠後起床那樣……啊啊……伸伸腿啊……拉長手臂……把頭側向右邊……側向左邊……動動手指頭……甩甩手……這副充滿著全新能量的身體感覺真好……八……八，用鼻子大力呼吸……用力地深深吸氣……九，用嘴巴吐氣……呼呼……十……十，你們已經完全醒來，你們的意識正常，一切都回歸正常……就跟以前一樣……你們可以……當你們覺得可以的時候，就把耳機拿下來……把眼罩拿下來……謝謝……」

我也把耳機拿下來，就像個剛讓飛機降落的機長一樣走出我的駕駛艙，到參與者那裡繞一圈看看。不少人的臉上滿是呵欠和眼淚，還有些人面露疑惑，用驚慌的眼光問著剛才的所見所聞到底是否為真。有人悄聲對隔壁說自己的感受；有人噗嗤笑了；有人搔著頭，彷彿一個無法克服的難題出現了。

偶爾會有參與者想要繼續旅行，他會仍然戴著眼罩與耳機不動。其實，我只要在他臉旁彈指頭就足以喚醒他，不過有時我還是得藉由和他說話或是觸摸他等等這類比較侵入性的方式處理。

在參與者清醒的過程當中，唯一讓我們感到遺憾的是某次突發事件的發生。一位有第一型糖尿病的女性參與者居然空腹參加催眠通靈，結果因為低血糖而感到些微不適。當然，兩顆方糖和一杯水，很快就解決了問題，而且就像馬克在開場時說的：「就醫學的角度來看，你們沒有什麼好擔心的。要是有任何問題，我們有急診重症搶救醫師在這裡，他會立即處理。」

通常我的巡視結束之後，我們會讓他們在黑暗中再待個一兩分鐘，等他們收拾心神之後，才逐漸打開會議廳的燈。

✷

待我們心中的感謝凝聚成「集靈」之後，我們就會讓他們填寫問卷。與此同時，我則是照例走出會議廳透透氣。我也就是在這樣的狀況下，遇見了亨利。

這位四十多歲的男人是由妻子陪同而來。他個人並沒有堅持要接受催眠通靈，而對於我所做的一切、所寫的書以及其他種種，他毫不隱藏崇拜之情，不過他向我坦白所有那些讓他愁苦的事情。「三年前，我的兒子過世了，從此她就開始隨便找個亂七八糟的東西當作浮木……」他忿忿地說著。

我聽了也相當不高興，反問他：「所以您當真認為我做的是亂七八糟的東西嗎？」

「不是，我真的不覺得是那樣，只不過……」他說。

我們倆默默地看著對方，像是兩名正準備決鬥的牛仔。哪個會先拔槍呢？意外的是，他突然昏倒了，整個人往後仰！而他倒下的樣子，就好像有個狙擊手埋伏在會客廳的綠色假盆栽後方，拿著裝上消音器的槍，一彈打中了他的心臟。

幸好，亨利的身體後方有一張長沙發。他倒在那裡，用兩隻起了老繭的手抱著頭抽抽噎噎地哭了起來。這轉折真是出人意表。我在他身旁坐下，同時以手臂抱著他的肩頭。他對我說出了他的故事。

他的妻子替兒子買了一輛摩托車，夫妻為此起了嚴重的爭執，因為這個爸爸認為買摩托車給兒子實在太危險，所以反對。幾個月之後，死亡車禍不幸發生了，證實了他的看法是對的。這個媽媽非常自責，簡直痛不欲生，直到事故發生的兩年之後，在拉洛歇爾進行了第一次的催眠通靈。在這個過程中，兒子精神奕奕地出現在她的面前，對她說自己在另一個世界過得很好、很開心。對於亨利的老婆來說，這個意想不到的訊息足以讓她睡得著覺，也比較有活下去的意願，亨利因此非常感激我。

「您覺得她這一次也會看見他嗎？」

「我不知道。是宇宙決定的，不是我們……」

後來我才知道，亨利的老婆在拉洛歇爾接受催眠通靈過後一年，於土魯斯所做的第二次催眠通靈當中，並沒有再見到兒子，反而回到了某個中古世紀的前世。在那一世，她目前的丈夫，也就是亨利，則是她的父親。

必須說，催眠通靈總是不斷地帶給我們驚奇。

催眠通靈之後

當我走回會議廳時，大部分參與者已經填好的問卷就疊在我座位前的桌子上。我總會快速地掃視他們勾選的選項：左邊空格是「是」；右邊空格是「否」。總共三十幾個問題。藉著第一眼的查看，我可以知道活動的回饋是否良好。

這份文件隨著參與者所描述的體驗而逐漸優化，因為就如我們所見，催眠通靈已不再只是與逝者的單純接觸，而是同時有許多令人不安、困惑的事情發生，這也是我在進行這項研究時所始料未及的，而這些意外的回饋也使得原始問卷的內容一再地補充更新。

等到陸續又收到幾份遲交的問卷之後，馬克與艾提安已經在我的右手邊就位，準備將參與者想要分享的見聞體驗打進電腦。我自己則是會在一張紙上做筆記。因為我用的某些圖形符號是電腦鍵盤上沒有，所以在知道這些符號只有自己看得懂時，似乎就讓我開心到更加濫用。我自由地在句子與句子之間畫上箭頭或是寫出螢幕上沒有的字，也同樣任意地在希望強調的某些敘事部分畫上特殊符號。總之，大家會知道我偏好筆勝於鍵盤。

要遞給參與者的無線麥克風，通常放在桌子的最右邊；隨後，這麥克風將以或快或慢的速度，一手傳過一手，直到抵達左邊最後一位參與者的手上。為了不影響到下一場的時間，報告的時間以不超過一小時為限。倒是晚間的最後一場就可以超時到深夜。每一位參與者只有一兩分鐘的時間，以簡單幾句描述自己的體驗；他們也知道若要講得詳細點，就等事後再寫在電子郵件上寄給我。

這種交流，是我們的報償、我們的聖杯。我、馬克和艾提安都知道，當我們聽到某些見證時，就跟團體的其他人一樣激動。只不過與大家想像相反的是，對於我們三個人來說，就算到了今天已經有十幾萬人參加過我們的活動，每一場、每一場依然都不會是例行公事，我們並不覺得膩；每一次總是有特殊的事情可聽，我們也不覺得厭煩。

相反的，每當活動結束之後，那些分享內容總是獨特到成了我們聊天的主題。不過，最重要的是真正的分享。因為他們當然期待我對於每一種感受、每一個影像、每一個領悟的看法，尤其是當他們的感受、領悟、見到的影像難以解釋或不恰當的時候。

有時，我給出的答案或許會有幫助，可是我得承認，在大部分的時間裡，我並不知道答案是什麼；解謎的關鍵就在接收到訊息的那人心裡。只有在翻閱自己的記憶、親自進行調查之後才找得到。為什麼他會看見自己置身在某個前世，或是孩提時某個確切但早已遺忘的時刻？為什麼他會看見這張陌生的臉？為什麼他的身體的這個或那個部位會有這種奇怪的感覺？為什麼他會遇見這種他從來沒有特別好感的野獸？為什麼會有人帶他去看他從來沒去過的地點？為什麼某個意外的逝者會出現？他的用意是什麼？他想要什麼？為什麼他會感覺有人摸了他的臉或是拍打他的扶手椅？為什麼他會沉浸在這道強烈的光芒之中，讓他以為會議廳的燈突然亮了？

答案有可能在活動結束之後，一聽到某個人的談話，或是在開車回家的途中，又或是經過幾個月，將活動的內容消化過後快速地到來。

我會和他們一同尋找。

在催眠的過程當中，經常會有老鷹、狼、老虎、鹿或是其他同樣意想不到的動物出現。對於美洲印第安人來說，這些野獸並不只是分享我們生活的生物。牠們所代表的意義遠大於此。牠們是——也尤其是人類的嚮導與守護者；根據這種古老文化，我們甚至可以說牠們某種程度上比人類還高等：動物圖騰具有強大的靈力。我們不能選擇自己的動物圖騰，是牠們選擇我們；這就是為什麼當那些催眠通靈參與者見到那些小動物會如此驚訝了。

美洲印第安人明白兩件事情：第一：在某些特定日子出生的人，會擁有與某些特定動物相近的特質；第二：每十三個月就是一次季節循環的開始。他們利用一片上頭有十三個圓形紋路的龜殼創造出月曆，並且藉由集合座標點、季節、鑑別色彩與動物圖騰的「藥輪」占卜未來。

手指上傳來的溫熱、振動，可能代表著該名催眠通靈參與者具有磁力，能夠以雙手為他人進行治療。喉頭上的緊縮感，可能是某位上吊或患有耳鼻喉疾病的逝者的安撫；胸廓痛是因為某位逝者有心臟疾病等等。

在催眠當中出現、但催眠結束後如變魔術般消失的體感，通常不是感應，就是身體某些虛弱的部位接受到了慷慨的能量治療。我還記得那位治療雙邊肩關節周圍炎（肩膀炎症，會引發劇烈疼痛，偶爾會出現關節僵硬、無法抬舉或麻痺等感覺）多年的婦人，在接受催眠通靈之時，患部感受到一股近乎疼痛的灼熱感。催眠結束之後，她宣稱肩膀已經完全痊癒，過了一年之後，當她接受第二次催眠通靈時，向我們證實她的肩膀問題獲得了驚人且效果持久的改善。

希勒薇．多儂是纖維肌痛症患者。她在接受催眠通靈的十五天之後，寫信告訴我，她雙膝的慢性疼痛在這活動之後完全消失。

……醒過來的過程頗為辛苦。我整個人像是被掏空，而且完全沒有力氣。

我想要站起來，可是我發現我的膝蓋沒辦法讓我站起來。

我覺得痛，而且很痛。我發現到自己的腦袋還沒清醒。

我很訝異，但是心裡卻是在笑。呼！我對自己說，我站不起來。不，別又這樣了。於是我要自己慢慢來。

我觀察坐在我隔壁的那個人，然後心裡想：「他也還沒清醒嗎？」

我看見他伸直了腿。啊！他的腿部也有毛病。我讓自己放鬆，恢復精神，最後終於明白：「是啊，大嬸你回來了。」

我試著摸摸我的雙腿，希望這兩條腿不會給我找麻煩。

我摸著摸著。哇！疼痛消失了。這趟旅程很溫暖、美好、獨特、奇妙、豪華、神奇。

我試著站起來。哇！我的腿站得起來耶。總之，我站起來了。我觀察著。整個人充滿著一種驚人的平靜。這一點都不像我，我心裡疑惑著為什麼以前我的腿會那麼痛呢？我的推論是自己在催眠通靈的時候接受了上面的治療。

我一直為纖維肌痛症所苦。我對自己說，太棒了，我的男人不會在早上的時候叫我機器戰警了。自從那次的催眠通靈之後，我的膝蓋不再給我苦頭吃了。太驚人了。

——希勒薇・多儂

二〇一九年七月二十七日於土魯斯接受催眠通靈

神祕的可疑訊息

在催眠的狀態當中，時常有催眠通靈者會聽見某個名字、看見某張臉孔，或是一個完全陌生的形體。在這些狀況之下，我總是要求當事人進行描述，因為這個出現的東西可能與另一位參與者所認識的逝者相應。倘若這個有機會看到或聽見什麼的人不做見證的話，那麼這種「靈感」可能就會消失。這個狀況的發生，像是實體因為無法與其目標直接接觸，於是設法藉由某種與對方可以相認的確切訊號，以別的方式讓目標知道實體存在於另一個世界。

我們的活動中經常出現這種無意間發生的通靈現象，而我有時得堅持找出訊息的接收對象：「你們確定對剛才的描述沒有任何感覺嗎：一位綁馬尾的金髮女士，左臉上有一顆很大的痣，看起來個性活潑、愛玩。跟你們都沒有關係嗎？」一陣沉默之後，終於一隻手舉了起來：「是的，我女兒就像這樣。她對她左臉上的痣感覺很驕傲，而她指示這位女士的方式，我其實並不意外……」

也是同樣這種心照不宣的方式，我還記得那位穿著黑色衣服，在報告之後保持低調的年輕女性。當某些人排隊要和我說話，或是把帶來的書拿給我簽名時，她就在我的桌子附近站著，直到所有人都走出去之後才跟我說話：

「我想要對您說，今晚一位太太所描述的男人，完全符合我丈夫的樣子，我可以肯定的說，除了他以外，不可能是別人。」

面對我疑惑的表情，這位神祕的參與者接著說：

「對，她說一個鬍鬚稀疏，名叫艾瑞克的棕髮男人，想為了自己所做過的事情請求原諒。這當然和我有關。艾瑞克在半年前朝自己的頭開槍自殺，沒有人明白他為何要這麼做……沒有人……沒有人預料到這件事情的發生……就連我是他太太……我來參加這場催眠通靈就是要找到答案，可是我什麼都沒看到……我只看到顏色、影子，後來我想我睡著了……事實上，那位太太代替我接收到了他的訊息……」

「的確是的。我想那夠清楚也夠明確地讓您知道，這個訊息是給您的。」

「是的，謝謝。我想要為此向您道謝。」

「您尤其要感謝的是那位女士……」

「是啊，沒錯，不過我不敢去找她。當您問大家，她所看到的景象是否讓某個人想起了什麼的時候，我甚至不敢說話。我很害羞，但是我竟主動來這裡和不認識的人一起參加這場催眠通靈……」

佛朗倫絲．哈爾伯於二〇一八年七月二日於布拉尼亞克參加過一場催眠通靈之後，寫信給我：

……我並沒有遭受喪逝之痛。我來參加催眠通靈是因為多年來，我由衷地懼怕死亡。四年前，我諮詢一位靈媒，他建議我參加您的活動。當時我還不知道您。不過我隨即對您所做的事情很感興趣。我很開心能夠有催眠通靈的初次體驗。現在的我，對於死亡的看法已經截然不同……也不再感到害怕。

我要謝謝您那美好的工作，也謝謝您隨時願意為我們花時間。現在，我準備好了要把我那永生難忘的經驗說給您聽。

活動一開始的時候，我很輕易地就讓自己定錨，接著是由下往上檢視脈輪，我也很快就做到了，可以說我的進度超前。我還為了與您的指令同步，所以來回做了好幾次，對我來說，這完全沒有問題，我耐心地等著……這時，一位女士出現在我面前，我不認識她，她也沒和我說話，我們倆只是互相看著對方。我感覺她是一個開朗的人，而且很幸福。在催眠通靈過後，我描述了這個人，你們問我，要是拿照片給我看的話，我能不能認得出來。我回答可以。會議廳裡的一位女士舉起手來，問我關於那個人的許多細節。她認得那個人。是她一個因癌症過世的朋友。

敢於第一個發言的參與者值得尊敬，畢竟將自己方才體驗到的那段不可思議的私密經歷向陌生的眾人述說，並不容易。一旦有這樣勇敢的人先起頭，就會讓大家願意跟著開口。如果這人的敘述很特別、很感人，那麼其他的參與者對於分享自己的體驗，就比較不會有所顧忌或是感到害怕。

催眠通靈會一場接連一場，每一場都各有不同。坦白說，我們並沒有任何詳細的規則。某一場的問卷調查結果可以很棒，但其實該場的心得報告可能因為沒有人願意開口而無趣。然而大家在處於催眠狀態之時，因為所見所聞而過於激動或是過於震驚，或是他們認為自己所體驗到的一切太過怪異或者幾乎是出於妄想，就會把麥克風遞給隔壁的人。有些人太過害羞或是害怕在公眾場合說話，也會有一樣的舉動。相反的，特別熱烈有趣的討論，也可能讓問卷調查出現好壞不等的結果。但其實，這種狀況只要出現幾個很有渲染力的見證就能破冰，並且讓其他參與者說出他們在填問卷時略過不提的事情。

我承認每當一天的第三場會後分享於半夜一點左右結束時，我的眼睛已經有些刺痛，並且瘋狂地想要睡覺。我看得出來馬克也是；他的眼皮會不停顫動，而且經常說：「喔，喔，真的，沒錯……」有些反應是騙不了人的。在我們三個人當中，只有艾提安真正撐得住。他總是有辦法再多待個一小時，只為了聽某個參與者敘述他的旅程；他甚至還可以給對方建議與方向，讓對方能夠明瞭自己所體驗到的一切有何意義。

每次在早上的活動結束，我們只剩一個小時為著下午場次而養精蓄銳時，艾提安的態度也沒有變。有幾次，當我和馬克兩個人吃著凱薩沙拉時，他乾脆連午餐都不吃。這個不滿足的傢伙在週末的最後一個場次，也一樣專注且願意隨時付出時間，就算他偶爾得將活動所需器材打包進幾個十二立方公尺的箱子裡，再開上幾百公里的車，他也一樣樂此不疲。在這位同伴的熱情感染下，有時我結束的時間也會比預定還晚許多。

例如，在某個星期日的晚餐過後，我與艾提安決定在剛結束活動的會議廳裡將催眠通靈的準備工作錄製成MP3。通常，我們從來不在星期日晚間安排活動，這樣我才可以搭上快速的交通工具（像飛機或火車），於星期一早上七點四十五分出現在土魯斯的手術室。可是這一次呢，由於路程過於遙遠，再加上沒有機位，我在星期一早晨之前回不去了，因此不得不在當地多待一晚。我看著活動的布置可以充當一間絕佳的錄音室，既然如此，就好好利用這段空閒時間吧。

我們完全投身於這項計畫當中，等到工作結束時已經接近凌晨三點了。這當中我們只有被打斷過一次，那是在十二點剛過不久時，一個身材魁梧的男人以手電筒往我們的臉上照，大吼著：「這麼晚了，你們在這裡幹什麼？」

這位穿著藍衣的高大黑人，一聽到我們之所以選擇摸黑工作，是想專注於錄製應該與我的嗓音混和的音樂和聲音，他便立刻為了闖入我們的工作空間而道歉。他解釋，就在附近教堂敲響了午夜十二點的鐘聲時，飯店的女守夜員聽見會議廳傳出了奇怪的聲響，以及某種像人的聲音，她馬上想到應該是白天在這裡被催眠的人召喚出幽靈。她以為那些請求得到應驗，簡直嚇死了，動也不敢動，馬上通知夜間保全，請他進入那間鬧鬼的會議廳查看。

有的時候，我不禁問自己，艾提安既是靈媒又是音樂人，會不會也是外星人……

遺落的訊息

通常在走出會場時，許多的事情依然混亂不清。起碼需要幾個小時的「消化」，才能找回遺落的訊息，以及寫出和下列一樣內容詳細的記述。

露芭．威洛克完整描寫出自己體驗催眠通靈的方式，並且詳述了所經歷的不同時刻。她的心得報告正綜合了我們方才所提到的想法。

夏博尼先生您好：

昨天，也就是星期六的時候，我參加了人生中的第一場催眠通靈。我其實並沒有懷抱任何特殊目的，也沒有任何期待，只是對自己說，要是什麼都沒有發生的話，我還是獲得了一場特殊的治療。我住得遠（法國東南部的馬諾斯克），所以寧可提前一天到土魯斯，免得有舟車勞頓的壓力。

星期六早上，我輕鬆自在地來到了會議廳前，並且與其他人小心翼翼聊了幾句。

我從事了超過四十年的護理工作。今年六十五歲。

差不多九點的時候，馬克打開了門讓我們進去，並且詳細告訴我們活動將如何進行。然後您進了會場，繞著桌子和每個人握手。與您握手感覺很溫暖、很欣慰也很親切。您的存在讓人安心。

您解釋得很清楚、很詳細。在集靈的時候，我感覺到一股情緒從心底湧了上來：我的眼睛刺痛，模糊，喉頭發緊。

當我握起左右兩旁的手時，左手傳來了一陣溫暖。

我坐上帆布躺椅，照馬克的指示選了個舒服的姿勢，再打開瓶裝水，然後按照正確的方向順序戴上耳機：先是右邊，再來是左邊。

您那有撫慰人心效果的聲音，帶領做著深呼吸的我們定錨：我的腿、腳掌生出了強壯的根，長長地向下垂直延伸，並且猛力地扎進了地裡。我的身體與四肢變得非常非常沉重，再也感覺不到自己的身體，我想像自己看見了脈輪。脈輪的顏色美而明亮。我任由您的聲音帶領，不過有時我會稍微快您一步。脈輪的光環打開了，我的頭頂射出一道呈扇形的白色光芒。

您邀請我們離開。一個圓錐形（尾部是尖的）的螺旋把我往上拉。我看不見自己，可我感覺得到自己在螺旋裡往上升。是的，我看見會場，紅色扶手椅、參與者、飯店、城市；這個螺旋不停地向上旋轉，而我也不斷地往上升。

我看見一片濃霧，感覺身旁四周都籠罩在這片濃霧底下。我看見一張白色長椅，應該是石頭打造的吧。我走到長椅那裡，並且邀請我的家人前來：「來看我吧，我好想見到你們。」沒有，沒有人來，只有濃霧將自己包圍。但我感覺得到他們，我知道有人在。在我面前稍微左邊一點的地方，有某個瘦長、高大並且發光發亮的人，只不過我沒看見臉孔。就只是一個發光的存在。我再次邀請：「請過來看我。」我感覺有點孤單。我的腦意識分析對我說：

「沒有人，您什麼都不會看見。」

我等了一會兒，然後看見我的比熊犬塔拉過來了。在五年前過世的塔拉是成犬，可是眼前的牠還是幼犬，而且往我的方向小跑步而來。接著，我看見我媽媽也來了。她一臉的笑容，看起來很開心，也比較年輕，大概是五十多歲吧。她對我說：「我們都在這裡，也都過得很好。我們都愛你。」但這一切有如曇花一現，我沒有停在這裡，而是又繼續往上升。我的光之嚮導一直都在我的左邊。我看見一片壯闊的風景，濃綠、閃耀翠綠的崗巒起伏，還有一棵覆滿星星的棕櫚樹。我的腦意識分析對我說：「噓，別說話，讓我享受這片美好的風景。」花朵色彩繽紛，美得驚人。一隻強壯的公鹿來到了我面前。牠平靜而莊嚴地望著我一會兒。一切都以飛快的速度推移。我感覺自己身在鳥群之中。我是一隻鳥兒了！我飛翔，我看見了上面的風景。一張狼的臉孔出現在我面前。一切都發生得非常快。藍色的蝴蝶在我身邊飛舞。我看見一棟棟屋子猶如仙境中的有窗小冰屋。

我的腦意識分析偶爾會清醒過來：我隱約聽見左邊傳來隆隆的聲音，不過我回應：「啊，好啊，它睡著了，可是我想要繼續感受這場體驗。」那些隆隆的聲音只是斷斷續續地傳到耳邊。

我很認真地想著：「我很希望知道我的指導靈的名字。請告訴我祂的名字，請告訴我您的名字，好讓我能夠呼喚您。」一名女性現身。她有一頭深紅色長髮，穿著一襲長袍。她問我：「您看得見我嗎？」我回答：「是啊！」我們的交流沒有言語。那個發光的存在一直都在我的左右。「我們都與您同在。」我的心裡非常激動，幾度湧出了淚水。一切發生得很快，我不敢多問，因為我有些謹慎、有些害羞。我遲疑，可是又很想要知道自己的未來以及應該做的事。

就在那當下，我感覺到了一種極為強烈，而且也從來不曾經歷過的東西：我的心輪發出了一道猛烈的光波；那道光波如巨浪般地搖擺，慢慢地擴及我的全身，直到髮梢。就像一場失控的大震盪！我感覺到了左頰上的淚水。我繼續旅行。整個空間只有我一個人。我看不見自己，是因為我化為一顆塵埃了嗎？我看見了地球，遠遠的、遠遠的，就像一顆藍色與赭紅色交雜的小球，接著以快速朝我靠近。您的聲音讓我安心，也讓我重新有了個方向。您的聲音帶我通向這一片的廣袤無垠。您要我回歸，我說：「不要，還不行，我還想玩，上頭好玩多了。」我的內心變得比以往更加平靜而自由。

您的聲音叫喚著我。我抓住銀繩，開始往下降，接著再往上升，然後看見了我們的地球。最後，我往下降，並且決定跟隨您的指示。我看見飯店、會場還有我的身體。我的頭幾乎脹得發疼。我的腦意識分析對我說：「這一切必須停止。」我往下降，進入了同一個上圓下尖的白色螺旋裡。

我的脈輪開始逐一展示：頂輪是亮白色的；如紫水晶的靛藍；如普羅旺斯天空的藍；翡翠綠；如盛開向日葵般鮮豔的黃。那道光波又出現了，而且又再次搖晃著我，不過力道比第一次弱些。海底輪的紅色逐漸形成一顆巨大的愛心！我手裡的能量光球沉甸甸的。我摘下了眼罩與耳機，內心逐漸被情緒佔據、淹沒——程度比在催眠通靈過程中還輕——我忍不住哭了，但是卻不知道自己為何而哭。在心得報告的時候，我想說的話沒辦法完全表達出來。因為我的情緒依然激動，而且淚眼模糊。幸好我報告的順序排在其他人後面，不然我真的一句話都沒辦法說。

當我感到腦袋發脹的感覺消失時，脖子還是有些僵硬。我可是花了好大的力氣才順利著陸，內心百感交集。這場活動的內容非常緊湊，我卻覺得時間太短。我並沒有感覺到自己有超過半小時的時間處在這樣的狀態當中。一切都發生得太快。我無法立刻開車。

後來，我開了六個小時的車回家，整個人簡直筋疲力盡。我以為自己會睡著，結果並沒有，於是我提筆想要記下這趟旅行。我的腦意識分析對我說：「都是您想像出來的。您在作夢！」然而我知道我在過程中並沒有睡著。所有我看見的、描述的、親身體驗的，還有那些情緒，都讓我的內心煩惱不安……我並沒有試著進行分析，我只是等待、接受。我祈求能夠獲得明確信號，讓我能夠明白，不再有所懷疑。夏博尼先生，非常感謝您所做的一切。謝謝您。這是我的第一場催眠通靈，我想我會再次參加。我們都支持您。謝謝您的團隊。你們是最優秀的嚮導。

萬分感謝！

——露芭・威洛克
二〇一九年七月二十七日於土魯斯接受催眠通靈

如何順利和逝者接觸

我的臉書有超過七萬名訂閱者，我經常在臉書貼一些和前面這段記述同樣有意思的催眠通靈體驗。一些支持我的網站也會引用那些具名的見證。那些見證，我會事先經過當事人簽名同意之後才公開，因為實在太不可思議，以致於中傷我的人會認為是我編造出來的。其實，當我在社群網路上公開那些見證的第一年，他們就這麼說過了。當時我寧可保護作者的隱私，心想如此便可鼓勵其他人在寫信給我的同時，不用擔心在網路上被嘲笑或是被當成可笑的人；起碼我當時就是這麼想的。但後續的發展，顯示我錯了，因為，除了少數的例子之外，那些催眠通靈參與者都願意公開述說自己難以想像的經歷，也會毫不猶豫地同意刊登。

七〇年代時，雷蒙・穆迪醫師出版了《死後的世界》。在這本書當中，這位後來成為精神科醫師的哲學教授，為了研究臨死現象，將在昏迷或是心跳停止期間造訪過靈界的那些人的見證，公開了一部分。在這本著名的書裡頭，所有「體驗者」（穆迪創造這個新詞，用來指稱那些有臨死經驗的人）的見證，大部分都經過穆迪醫師的修改並且加以評論，而體驗者的名字也只以縮寫表示。在當時，確實沒有人敢在有可能損害自己名譽的情況下，公開談論這種冒險。然而不管別人會說什麼或怎麼想，人類的心智已經有了改變，而事情也往好的方面發展。

我在臉書貼出的這些參與者的奇特故事，都固定有幾萬人閱讀。那些故事，對一些因此而知道催眠通靈的人來說，具有鼓舞效果，可是對於某些自認在催眠狀態中並沒有獲得豐富體驗的參與者來說，卻可能是挫折的來源，有時甚至會引發某種罪惡感。他們會問自己，為何某些人能夠如此輕易地與想找的逝者接觸，而他們卻什麼都看不到、聽不到，也什麼都感覺不到——或是幾乎什麼都感覺不到。他們到底是做了什麼才會只得到沉默？為何逝去的親人不願意在那些狀況中現身？那是不是證明了逝者對於想要透過催眠通靈與他們聯絡上的人，已經失去了感情？

我習慣固定回答所有合理提出的問題。要是我們覺得提高自己的能量振動以接收靈界訊息太難，不妨想像對方為了符合我們的程度，也是得降低自己的能量振動。這並不是選擇或是意志的問題，而是比較偏向於能力問題。以這種方式通靈的能力，與要使「受不同維度阻隔的兩方相聚會合」的感情，毫不相干。這些人與那些人的努力並不總是一定能獲得成功。

佩姬．馬丁尼茲於二〇一八年十一月十日於土魯斯接受催眠通靈。過程中，她遇見了一位藍色的奇妙婦人向她表示自己是她的指導靈。佩姬趁此機會問她幾個問題。

我問她要如何做，才能讓自己可以協助人類靈性覺醒。她回答：「我已經告訴過您了。您已經成功完成您的任務，除了您正在做的事情以外，沒有什麼需要再多做的了。一切都很完美。很好，現在醫師只需要證明，您告訴他……」這一次答話的是我的腦意識分析：「我要告訴他什麼？這很奇怪耶……」「告訴他關於振動的事情。總是有人難以加入我們、見到我們，您無法想像有人在這方面可以笨拙到什麼地步；那些人的首要之務就是提升他們的振動，然後自己在靈性的道路上前進。他們想得很多、很強烈，但就是達不到完美。」

如同先前所述，靈體可能會在參與者當中找到一個比較可用的接收者，為他傳遞訊息給無法與其接上線的催眠通靈參與者。反過來說，另一個催眠通靈參與者有可能接觸到的是一位陌生或意想不到的逝者，因為他想要見到的實體並不一定可以進行期待中的接觸。得要說明的是，通靈力是一種微妙而難以捉摸的感受，不一定每個人都可以擁有。

在讀這些催眠通靈見證的同時，我們不免有種感覺，彷彿上述那些體驗並不見得需要用上與腦意識分析相關的五感，不過經常也有案例是與超感知力有關：心電感應、靈視、感應力、非身觸覺等等。

瑪麗・盧西耶寄給我的敘述正是超感知力的例子。她在二〇一七年五月於尼斯接受催眠通靈。

……突然間有一股強烈的愛的感覺：我感覺到了我父親與他的愛。我的眼淚湧出，隨即止住。我看不見我父親，可是我感覺得到他。我知道是他。我的心裡響起了他的聲音，說著：「小蠢蛋，您是對的，確實有死後世界。」

接著這種感覺消失不見了。我被吸進了某種明亮的通道之中。通道的盡頭有一道閃爍的光芒。接著，我感覺到那裡有許多身影，我媽媽在那裡是三十歲左右的年輕模樣。我從沒見過那個年紀的她。她在五十歲過世時，我十四歲。在同時，我還感覺到我的三個女性朋友、我表哥還有我教母。他們齊聲說：「一切皆已就緒，您的任務就需要這些要素。」我耳朵聽不見他們說話，可是這些話是在我的心裡說的，就像是透過了心電感應。

我感覺到了一個光明的存在，可是我看不見祂。祂透過心電感應在我的腦海裡重複說著一個句子：「萬物就在萬物中。樹葉就像您。」我感覺自己是片葉子，可是我依然是我！「樹葉承載宇宙萬物，與所有生物同。」接著，我感覺到了光之靈。每一位都充滿了愛。我感覺祂們要傳達給我、要我明白的是像這樣的事情：「評斷是痛苦之源。任何評斷都是痛苦之源——無論是對他人的評斷，或者對他人評斷自己的恐懼。為了您的任務，最重要的就是讓自己從這種痛苦之中解脫。」

我在下降的時候，看見了一隻老鷹、維多．雨果的面孔，以及許多有形的身影帶著滿滿的笑容向我揮手道別。我不能說是親眼看見他們，可是那種感覺極為強烈。我感覺到了他們。

當我得從頭頂與我的軀體重新結合之時，我感覺這副軀體非常窄小，還以為自己「永遠都進不去了」！

在通靈中預見未來

在催眠通靈時，與自己的直覺分析搭上線，就能夠獲取大量的訊息，而現在我們即將發現，這些訊息並非只集中在與逝者的接觸上。

那些在催眠通靈當中取得的關於未來的訊息，顛覆了催眠的傳統概念：宣稱催眠這種技術是讓深埋在無意識當中的記憶浮現腦海。然而我們能夠確定的是，那些確切的未來事件沒辦法掩藏到這個程度，因為根本還不存在。

從施行這項技術開始，五年的間隔，讓我們得以觀察到某些在催眠通靈時看見的場景，確實在幾個月或是幾年之後發生。例如，一位女性催眠通靈參與者在催眠狀態當中看見自己未來的伴侶，但當時她並不認識他。在活動結束的兩個月之後，她遇見了這名男士。由於在催眠狀態當中所看見的影像是那樣地明確，而且與現實一致，因此她敢大方地與意中人攀談。現在的他們是一對神仙眷侶，感情和樂。

巴提克．比西安在二〇一九年十月五日於波爾多接受催眠通靈的過程當中，接收到了某些關於未來的重要事實，結果隔了短短幾個小時就發生了。那一天，他在妻子拉雪兒的陪同下參加活動（後續會有他的個人體驗記述），後來是拉雪兒寫下丈夫的催眠通靈體驗寄給我：

我和我先生在心得報告時發言。他對你們說自己看見了好幾張臉孔，其中一個大聲地呼喊他。那是一名棕色長髮的年輕女子，年約二十到二十五歲。她穿著黑色衣服，歪著頭以天使般的神情望著他。與此同時，他感覺到胸口疼得厲害，幾乎無法呼吸。

我們住在蒙波利耶，隔天一大早吃完早餐便開車上路。途中，我們回想著前一天的活動，想要分析與解釋我們所看見的事物。我先生對於那個女孩的出現十分好奇。她想要傳遞什麼訊息呢？為什麼她會出現在他面前？

這些疑惑都沒有答案，在那個時候，我們親眼目睹了對向車道上的一起恐怖車禍。一輛往波爾多方向的公車在路肩翻覆，人們躺在邊坡上，直升機試著在公路上降落。

每當我們目睹意外時，都會渾身發抖，因為那會讓我們回到兩年前的某個深夜。那時一通電話通知，我們二十五歲的獨生女達倫發生嚴重車禍，直升機會將她送到阿米安救治。達倫是護理師，願意接受任何輪值班以及到不同的醫院服務。她一直忙個不停，很喜歡自己的工作，也喜歡與人接觸。可是一次的開車打瞌睡卻導致她結束了人間的生命。

這時候，我先生切換了廣播頻道，想要得到關於這場車禍的更多訊息。我覺得這個舉動很奇怪，因為他開車時從來不切換頻道的。

隔天，他上網讀地方新聞，然後發現那場車禍中有一名罹難者。那是一名來自波爾多地區的年輕女子，只不過新聞報導中並沒有透露那名女子的身分。

昨天，我先生又上網看訃聞，結果找到了那名車禍罹難者的身分：卡珊卓・塔密榭，二十一歲。

我們搜尋臉書，想知道她有沒有臉書帳號。結果找到了。我先生立刻臉色一變，因為他在催眠通靈當中看見的那名棕髮女孩就是照片中的死者。

我清楚記得我先生在心得報告時說出自己看見什麼，而您問在場的大家：「你們當中有誰認識的逝者符合他的描述呢？」沒有人回答。當然了，因為那個時候她還活著。

二〇一七年十月二十二日，當約翰．馬泰爾於里昂接受催眠通靈時，提到了自己的先父。他的父親給他一些關於未來的建議，還給他看一條紅色毛巾。結果六個月之後得到了驗證：紅色毛巾幾乎每天都出現在他的日常生活當中。

……濃霧散去。我跟從夏博尼醫師的建議。我走進了原野，呼喚著我爸爸。我喊了又喊，終於等到他的到來。他穿著一件遠足短褲、連帽灰色袋鼠口袋運動T恤。我不記得這件T恤，可是後來我媽媽告訴我，當我還小的時候，他都是穿那件T恤去遠足。我感覺自己的個子比現實生活中還來得高大，因為在正常情況下，我的身高是一百七十公分，而他是一百九十二公分，可是在那裡，我的身高到他的鼻子。我們互相抱住了對方。我一直不願意把手放開，直到醫師把我們帶往了其他地方。

我發現自己坐在草叢裡的一顆大石頭上。我爸爸也過來了。我問他過得好不好。他回答自己一切都很安好，然後笑了，彷彿理所當然。我將頭靠在他的肩膀上，他讓我這樣靠著，然後我們倆就維持這樣的姿勢不動。我感覺醫師鼓勵我們問問題，於是我問他我來到這一世做什麼？應當做什麼？目標是什麼？我就問他幾件像這樣的事情。我似乎聽見了「動物」這兩個字，可是我不大確定。於是我爸爸給我看了一系列的圖像，我明白那應該就像是在我前進的時候，能指引我，讓我安心，或許還能夠幫助我做選擇的路標。其中一張像是紅色毛巾。六個月之後的現在，我可以說近三個月以來，我在新的工作當中，每天都用紅色毛巾擦手。

班傑明・布里昂是消防員，也是動物磁氣治療師。二〇一八年十月十五日，他在土魯斯參加催眠通靈。在過程當中，他認出了一個女性的目光。當他在客廳沙發上自在放鬆的時候就曾經看過這個目光。這個清晰的顯像只持續了幾秒鐘。這個外表像運動員的親切男孩可以清楚地描述那個出現在他面前，卻又如肥皂泡泡突然破滅般瞬間消失不見的女孩：金髮妹妹頭、漂亮的藍色杏眼。

這是班傑明於二〇一九年八月二十日時寄給我的信：

醫師您好：

我回來找您是想要為一件奇妙的事情作見證，而您也是促成這件事的主要人物之一。二〇一八年十月十五日，我在土魯斯接受催眠通靈。早在那天之前，我就清楚地看見一名女子。我曾經跟您說過這件關於現身的小故事。我傻傻地相信那是一名逝者的靈魂到訪。讓我意外的是您給的答案。您從來就不會斷言任何事情，也總是持科學家的保留態度，結果當下您竟然直接了當地回答我：「這個人將會成為您人生的一部分！」

二〇一九年一月的時候，我要求一位靈媒朋友卡洛「通靈」，看看我什麼時候才會與某人邂逅（那時我經歷了對一切厭煩、因為孤單而痛苦的階段……）卡洛所描述的那個女孩意外地符合幾個月前出現在我家客廳的那個人。卡洛預言我會在某場展覽或是一場會議當中與她邂逅。

五月一日，我在一場書展上介紹我送給您的那本書。邂逅就發生在那一天。我認出了在自家客廳看見的那張臉孔，以及在催眠通靈過程當中再度看見的眼神，而這也與卡洛一月時（也就是三個月前）的預言不謀而合。現在我們正在交往，而我也堅持要為這件事作見證。

我的問題是這個：為何您當時對我的事情會這麼肯定？是直覺的引導？還是有指導靈把您當「傳送者」呢？

希望您會用得上這段奇特（卻是如此真實）的故事。誠摯祝好。

為了回答班傑明的兩個問題，我得說明的是，我並沒有任何客觀的理由斷言他看到了未來的影像；這個訊息只會是來自於我的直覺意識。沒有任何合理的分析能夠判定那是幻覺、逝者的靈魂溝通、前世的影像還是未來的影像。我不大清楚是什麼東西促使自己說出那樣的話，但那肯定不是我的腦意識分析。那一天給班傑明的訊息，我也不確定是來自於我的指導靈或是他的指導靈，不過最重要的是要他能夠接收得到。

結果大功告成。

另一位女士所發生的事情就比較沒有那麼浪漫了，卻也一樣具有說服力。那位女士在催眠通靈的過程當中，看見一隻白色眼睛的黃色小狗。一整趟催眠旅程當中，這隻小狗一直跟著她，而這位可憐的太太原本期待的是能夠看見她的逝者，到頭來卻只是一隻白眼黃狗。「嗯，是的，我只看見這個，我不懂！」在心得報告時，她惱怒地對大家這麼說。幾星期之後，她寄來了一張照片——是那隻小狗的照片（我很樂於將這個故事貼在我的臉書上，並且附上這張照片）。催眠通靈讓她看見了自己未來的生活伴侶——因為她在活動結束後幾天，收到了這隻黃色掉毛老狗。雙眼白內障讓這隻狗兒的眼球變得混濁，整個眼睛看起來變成了白色。

辛蒂在接受催眠通靈的時候，也有一隻陌生的狗兒來訪。這是她在兩個月過後寫給我的信：

……我在接受催眠通靈的時候，看見了一隻小狗朝我走來。牠飛快地到我身旁，還開心地舔我。牠身上的毛是白色、黑色、棕色的，是一隻伯恩山犬，而且是母的吧，我想。我對這種狗很陌生。我對自己說，說不定這是要給在場某人的訊號吧。

事後證實了這隻狗將會成為我生活的一部分。二〇一九年四月十六日的時候，一隻小母狗來到了我們家。這是一件很不可思議的事情，因為我以前從來就沒想過要養隻寵物。我好幾次在臉書上看見了同一則啓事，然後恍然大悟，原來我在接受催眠通靈時所看見的那隻狗兒，就是我未來養的狗兒。只不過我當初看見的牠已經是成犬了，可是實際上的牠還是隻幼犬。

所以，我接收到的是我的未來所發給我的訊息。

我相信未來存在於現在，只不過是在另一個維度。一切都會同步發生，也因此有「既視感」的存在。

附上一張狗兒的照片。我女兒叫牠「亮亮」，因為她認為牠是我們生命中的一道光。

非常感謝您。

我要鼓勵您繼續在這條神奇的道路上前進。

我們很快就會再見。

祝好。

——辛蒂・峰丹

二〇一八年六月十六日於里爾接受催眠通靈

二〇一九年一月十二日，巴斯卡兒・秀里克在土魯斯接受了一次催眠通靈。在旅程當中，一個女孩給了一個與她女兒的未來相關的訊息。而這個預言也獲得了證實。當巴斯卡兒得知是誰傳送這個訊息且用意為何之時，難怪會感到激動。

……當我看見這個女孩的時候，問：「你是誰？」

「媽媽，我是你女兒啊，拉菲爾的妹妹啊！」

我懷第二胎的時候，肚子裡是一對雙胞胎。其中一個胎兒在第四個月的時候停止了生長。因此，在我面前的這個女孩，就是我女兒的雙胞胎妹妹。我又驚又喜，連忙問她叫什麼名字。她回答：「瑪麗。這名字是你取的啊！」她又繼續說：「我想要請你傳個訊息給我姐姐，告訴她，她可以請我幫忙，還有，這個冬天，她會和某人交往。」我於是問她是哪一年的冬天；是不是二〇一九年年末的冬天，結果她回答：「不，請告訴她，在這個春季之前，她就不再是單身了。」

結果我女兒在二月十四日情人節那天認識了某個人。

催眠通靈的後續與過程同樣重要，因為除了證實關於未來可能發生的事情是否真如訊息所言之外，還開啟了直覺意識到目前為止為人所忽略的能力。

尚賈克・夏博尼醫師您好：

去年七月十三日的時候，我在奧爾良附近的阿爾東做了人生中第二次的催眠通靈。為什麼要做第二次呢？因為，腦意識分析對程序已經熟悉（就算那些程序有了變革）所以放下了戒心，我也更能夠品味這種體驗了，另外，我也可以重新感受那些存在以及所接收訊息的力量。我的第一次催眠通靈讓我預見了自己以及巴黎聖母院的未來，目前也得到了驗證……

自從一個星期前接受了第二次催眠通靈之後，我的直覺力大增；而我的生活，於公於私，一切都啓動得更快了……

——羅宏・布梭

二〇一九年七月十三日於奧爾良接受催眠通靈

在通靈時預知災難

在巴黎聖母院失火前的幾個小時，我們正在特魯瓦進行催眠通靈的活動。我們意外地發現，有不少催眠通靈參與者在心得報告時都提到火災、火焰、火、一股強烈的紅色能量、黑暗、斷垣殘壁、石像露出鬼臉的威嚇。甚至還有一名催眠通靈參與者看見在煙霧當中有一只散發著光明的十字架，也有另一名則是提到一棟大型建築物因為維修架而起火。這些我們所紀錄下來的感知，在我們的活動當中算是罕見，而且我們直到獲知這個令人難過的消息之後，才明白那些感知的意義。我們可以將那些感知視為預見幾小時後所發生事件的能力。以下摘自心得報告的見證就是例子：

「然後，在我的右邊出現了一名女性，巨大無比，我感覺她是聖母，可是我並非教徒……接著，我聽見了『夫人[5]……我們的夫人』……

「我不認識這位女性，也不知道這位夫人是誰，但是我想起了一個黑色聖母的紀念品，而且還聽到了『不對……是聖母』的聲音。她美得有如一尊雕像，可是卻是充滿著生氣。她的面容隱藏在一片如黑色蕾絲的薄紗底下，彷彿戴孝……她就在那裡；她高大而悲傷，剎那間，有一個形體閃過眼前，但是我看不出那是什麼，那就像是一個長方形，有個圓形的頂端，側邊的一部分比較寬，看起來形狀有點像蝴蝶，只不過翅膀太短了……真的太奇特了，我完全不懂這代表著什麼意思……那位夫人還在，而且也一直都隱藏在這片石黑色的蕾絲底下，隨後，她的下半部身體變成了一朵黑雲，厚重濃密，一如火山爆發時迸發的煙霧……我不明白這個幻象的意義，也不懂這片逐漸掩蓋光明的悲傷……像這樣的異象讓我傷心，因為實在太黑暗，太令人悲傷了……」

5 原文為：La Dame…Notre Dame「聖母……我們的聖母」。小寫的dame有「夫人、貴婦」之意，而小寫的notre dame意為：「我們的夫人」。在發音完全相同，且非教徒的情況之下，參與者難免理解為「夫人」。

我們可以注意到，聖母院教堂的平面圖就與那位參與者所描述的形狀相似。

為何我們會在催眠通靈的時候接收到關於這場毀滅性火災的預示訊息？此外，要是深究的話，我們還可以猜想為何會有這場火災發生。

信仰、愛、熱情，都源於我們的靈魂。

靈魂是創作者，而其超越我們的誠摯能夠移山、將物質化為美好。

然而過於崇敬物質的美好；過於想要愛慕它、修復它、呵護它、運用它、剝削它，令我們忘記了最重要的事情：靈魂為其創造者，一切的苦難都是為了創造出這種美好。

我們能否理解這些發送給我們的示警訊息呢？

我們還需要什麼呢？

在催眠通靈過程當中傳送給我們的訊息，就與我們透過電視新聞接收到的訊息一樣清楚有力。只是得要懂得解讀。

至於那些關於未來的訊息，我們這裡有不少人因為催眠通靈時的影像而改換工作或生活地點，並且留下見證，不過我們不能因此而將這些事例歸結成他們未來人生的單純投射——儘管最後成真。可是我們可以這樣想：那可說是隱藏於無意識當中的慾望，因為催眠而揭露；在這種假設下，催眠通靈只不過是種觸發器；觸發我們意識到那些直到目前為止還未表達出的慾望。

芙羅豐絲．拉可布堅信自己在催眠通靈的過程中看見了一幕關於自己未來的影像。可是那幕影像令她思緒混亂。以下是她的見證。

先生您好：

七月二十七日星期六早上在土魯斯，我首次參加您的催眠通靈會。在活動結束之時，發生了一件令人非常不安的事情，而且也與我有關，所以我今天回頭來告訴您。

必須先說明的是，我與我的男朋友巴斯卡——就是打呼打得很厲害的那一個——一起參加您的活動。我與他交往才剛滿六個月……而且我們的感情非常好……

這是我所看見的……

我在一間教堂裡頭，看見巴斯卡穿著一套好看的灰色西裝，與「他要娶的那個女人」結婚（我要說明的是，他從未結過婚）。教堂裡坐著受邀的賓客，每個人都背對著我，而我的焦點就放在面對大家的巴斯卡身上。他看起來很幸福，臉上滿是笑意……那個新娘一直背對著大家。

我很震驚（我的腦意識分析應該突然又冒了出來）！我對自己說，這完全不可能，我認不出那個穿婚紗的背影是我自己。我認為自己在現實生活中比她還高。我得說，巴斯卡身高有一百九十一公分，而我是一百六十四公分。那個新娘有一頭棕色長捲髮，長度比我稍短，而我目前也一直都留著直髮！

我的腦意識分析說：「新娘子，轉過來，我想看看你的臉……是我嗎？不對，看起來不像！」

我很震驚、整個人茫然失措……

接著，我看見巴斯卡的正臉特寫，他看著我，對我說他愛我，他很幸福……

顯然這對我來說還是不夠……我很慌亂，一直都想著讓新娘子轉過身來讓我看看她的臉……

啊，我聽見您說活動要結束了……以及種種程序……我告訴自己：「不不，我不要，活動得繼續才行，我要看看那個新娘究竟是不是我！」

……我不知道自己看見了沒有……我或許有感覺到自己在剎那之間看見了自己的側臉，認出了自己就是那個新娘……可是我不能完全確定……

在那當下，活動結束了……

我整個人既是慌亂，又是心痛……

不用說，回到現實時，我連對身旁的他微笑都沒辦法。

他看到我的表情立刻明白有某件讓我心煩意亂的事情發生了……

當然我們後來有討論……我在好長的一段時間當中，心裡一直覺得不安。

我想知道您會怎麼推斷這件事……

我要謝謝您讓我擁有這段體驗——而我後續一定也會提供更新……

當然我回信給芙羅豐絲好令她安心。催眠通靈讓我們得以接觸可能但不必然會成真的未來。透過我們的自由意志，我們可以視所擁有的訊息而修正未來。那些求教於靈媒或是算命師的人，知道的會是關於未來的可能事件，而那些事件，當事人可以依據靈媒或算命師的預言而進行修改調整。這種占卜或預言的方式，可以讓人對於人生中將會面臨的某些危險或狀況有所警覺，進而採取避免成真的預防措施。

我還是建議芙羅豐絲學會提防比自己年紀小的女性，尤其是有紅色長捲髮，而且還與她的男朋友過於親近的那些人。

而當我讀著芙羅豐絲．拉可布的記述，不禁又想起了那個有著紅色頭髮、黃褐色臉孔的年輕女孩。二〇一八年某日下午在里爾，當心得報告結束之後，她上前與我說話。

當她走向我的時候，我還坐在辦公桌前，忙著取出剛送來的問卷。這個身材瘦高的女孩戴著多彩珍珠手環與項鍊，散發出了一種令人著迷的魅力。她穿著一件裝飾著海盜頭花紋的吉普賽長洋裝，身上那偏男性化的辛辣木質調香水味，在她身後三公里處都聞得到，發揮的作用就像是老練的漁夫往前遠遠拋撒的漁網。她光是皮膚就已經是超自然現象：大家都知道紅髮人禁不得太陽曬，所以膚色通常都很透白。她蹙起的額頭像是說明了她正因為剛發生的某件事情而煩心或是不快，至於是什麼事情，我即將會知道。因為她似乎下定決心要問我某些重要的事情。「呃，不好意思，我可以打擾您五分鐘嗎？」她邊問邊扭絞著一張催眠治療師擺在桌上的名片。由於我正默默地結算著對活動滿意的人數有多少，因此等了一會兒才回應她。想必正是這個小小的延誤，讓她有些生氣，扭碎了手中的名片。

「啊，抱歉，真的很抱歉……」

「沒關係，我還有很多。」我邊說邊指著眼前那堆誰誰誰過來跟我打招呼，就隨手放在我桌上、想要跟我建立一點關係的名片。她做了個比較像是微笑的鬼臉。簡而言之，她是英文老師，在土魯斯接受過催眠通靈。在催眠狀態當中，她看見自己最好的朋友趁她在國中教課的時候，和她的先生準備結婚。她穿越整個法國，前來參加第二次的催眠通靈，而她或許也會從中得知更多的細節。

「不僅如此，連在我家都這樣，他們在我們的房間做骯髒事，完全就跟我在催眠通靈過程當中所看到的一樣！我想要確認，我看見那個賤女人的車停在我家門前，夜晚的時候……算了，我不想跟您描述我的床單狀態有多糟糕……兩個月後，我們離婚了。整件事情都解決了。現在，我和另一個愛我、我也愛他的男人在一起，而且很幸福。唯一的問題就是我在剛才的催眠通靈時也看見他了，可是他和一個比我年輕的男人做那件事。伯納跟男人在一起；啊，我實在太震驚了。」

這教我如何回答？某種程度上，有不少的東西可以回答她。我能夠在某場主旨為意識的功用與來自過去或未來的訊息的研討上，進行起碼兩個小時以上的辯論，並且引用她的事情做為例子，可是我知道她根本不會在乎我針對腦意識分析與直覺分析的角色所進行的假設。她只是想要知道如何處理這劈頭而來的訊息。如此而已。

我該給她解決的辦法。我感覺自己該對此負起責任，可是我不是罪魁禍首——如同某日衛生部長在血液汙染事件中所言。一位前任女性政府高官曾經「順道」——她自己是這麼說的——和一個朋友參加巴黎場次的催眠通靈，可惜她們倆的體驗並不是很能讓她們信服，想必是腦意識分析過剩作祟。算了……

此時，就跟與芙羅豐絲當時的狀況相同，我從工作中抽出身來，告訴她，催眠通靈中所見到的可能未來並不一定會成真，藉此讓她安心，然後就再也沒有她的消息了。或許當她在看這本書的時候，會認得這裡說的是她，然後與我聯絡，我可是迫不及待地想要知道這齣戲的後續——這是有可能的，因為她信誓旦旦地表示讀過我所有的著作。

在通靈中預知成真

不過，在催眠通靈中所看見的明確狀況後來成真，當然就是最具說服力的例子。就如同以下的事例：

當我在里昂做心得報告的時候，我滿心歡喜地與你們快速分享了看見一個小女孩飛快地從我面前經過，同時還對我說了一句：「我很快就到！」當時，我哥哥的女朋友已經懷孕了，胎兒的性別還不知道。結果，這個小小仙子今晚誕生了，我已經是姑姑了，而且非常非常愛她！

——克里斯黛．法亞

伊莎貝兒．布拉佛於二〇一九年三月十七日星期日接受催眠通靈。這個日期對她而言有其重要性。她在催眠狀態中看見自己於二〇一八年八月一日過世的姐姐，還有她八年前過世的父親。有人告訴她，她要當外婆了，這讓她非常訝異，因為她的兩個女兒似乎還沒有決定要建立自己的家庭。催眠通靈過後一個月，伊莎貝兒寫信告訴我，她的雙胞胎女兒同時間懷孕，而婦產科醫師推算受孕日期為二〇一九年三月十七日！

莎拉．巴利索描述了自己在二〇一九年六月二日於梅斯進行催眠通靈當中所見到的影像。要是她在催眠通靈當中所獲知的預言準確的話，那麼催眠通靈的未來就會與預言中的邂逅一樣終會實現，一想到這個，就令我們感到開心。

……身旁出現了幾個身影，他們對著我微笑但並不說話。突然之間，一個溫柔的女性聲音響起。我抬起頭，結果當場感到驚嚇！我竟然與聖母瑪利亞面對面！我不明白為什麼，因為這還是第一次發生，我完全愣在原地，幾乎不敢呼吸……我聽見：「傾聽明天天使對地球所提出的建議，祂是對的，祂很純潔。請仔細傾聽。」

我看見那個人的臉，我們兩人身在某個確切的地點。瑪利亞對我提起了艾提安、馬克，以及您。催眠通靈將會以非常可觀的方式，大步跨越了設定的目標。我看見亞洲，一個著名的廣播電台，一個具有影響力的人物，還有一個簽名。

我那幾個與我寸步不離的指導靈一再對我說：「莎拉，時機到了，你已經準備好了，你不應該感到恐懼，要是你膽怯了，你的人生將會陷於混亂。」資訊有了，影像有了，連人物也都有了。我已逝的阿姨和外婆匆匆地出現。

您在地球上呼喚我們，我感覺這趟旅程只有十分鐘，回歸並不容易，我感覺自己茫然、筋疲力盡……

我的驚奇還沒完，因為隔天，我與在催眠通靈時看見長相的那個人竟回到指示的地方，她給了我建議，而她的話語深深感動了我、改變了我……我要強調的是，與這個人回到那個地方這件事呢，根本不是出於預期，甚至是不可能發生的！

這個全新的體驗就跟在聖伊波里特的體驗一樣了不起！

我非常感謝這些神聖的禮物，醫師，再次謝謝您，和您的團隊。你們都非常親切可愛。

祝福你們。

既然莎拉・巴利索提及自己在聖伊波里特的催眠通靈，我得坦白跟你們說，也就是某次在這座城市舉辦的催眠通靈活動當中，一位女性參與者告訴我，一個關於我的未來的驚人訊息。

我還清楚記得當我得知那個訊息的時刻。那時，催眠活動接近尾聲，時間也從幾分鐘前就已經開始倒數。我按例巡視全場，確認沒有任何特殊的狀況發生。從那些返回的旅客所發出的小小聲音：呵欠、竊竊私語、伸展四肢發出的關節劈啪聲、幾聲嗚咽、幾聲摀嘴悶笑……就知道我們的參與者一個個正緩緩醒來。這是慣常現象，毫無例外——呃，其實也不完全如此，因為坐在會場最裡頭的一位女士仍然處於催眠狀態。她沒有拿下眼罩與耳機，而且雙臂往前伸直不動。這種狀況我也不是第一次遇到。我在她耳邊彈手指，她毫無反應，然而在大部分的案例之中，彈手指是回到正常狀態最快速而有效的方法，如同以下這位女性參與者的見證所述：

……回到座位上的速度，就跟窗簾繩一拉，窗簾瞬間降下時一樣快。我聽見聲音。我往上升，好跟你們一起以更緩慢的速度下降。這種疼痛與緊張如影隨形。我按照自己的速度回到這裡與當下。我聽見耳邊的彈指聲。結果疼痛不翼而飛。

——克里斯汀娜．高提耶
二〇一八年五月二十五日於貝桑松接受催眠通靈

但此時此刻，面前這位倔強的參與者，說什麼都不願意醒來。我調整姿勢，站在她面前緩緩地拿下她的耳機，同時對她說話，要她回復意識清醒的狀態。毫無反應。我又慢慢地將她的眼罩往上挪，好進行我的清醒程序。

就在這時，她做出了一個反應，竟是驚嚇地睜著眼睛，一副擔憂的樣子看著我。然後，她以單調的聲音對我說：「特別是加得橋，千萬不要去，我看見您死在那裡！」當她一把訊息傳遞出來，就立刻回復正常的容貌表情，整個人完全清醒。

我該拿這個死亡預言怎麼辦？我不能說這個預言對我毫無影響；不過可以確定的是，從此以後，只要造訪這個我很熟悉的地點，心裡多少都會有點擔心。

其實，我也曾經因為預知的訊息而改變自己的計畫。以珍娜維耶・戴別許為例。她與她那著名的歌手丈夫在土魯斯接受過兩次的催眠通靈，便勸我打消購買摩托車的念頭，而在那個時候，我正準備買台摩托車。「不要，尚賈克，拜託您不要買摩托車。當年我也勸過高路許[6]不要買摩托車，他不聽，結果幾個星期後騎摩托車發生了死亡車禍！」

6　高路許（Coluche, 1944-1986）：法國著名的喜劇演員，以粗俗而不下流的表現技巧廣受歡迎。

我能夠對這個警告置之不理嗎？珍娜維耶是一位受過訓練的靈媒，通常會與警方合作進行調查，而她的預言能力已經不用再多說了。她也要求過歌手丹尼爾．巴拉萬別參加巴黎達卡拉力賽，因為她看見他命喪於一場嚴重的爆炸。唉，我們都知道這位歌手的結局……一九八六年一月十四日，在那場著名的巴黎達卡拉力賽進行中，一場直升機死亡意外帶走了這位法國當代的偉大歌手。

我的另一位靈媒朋友蜜雪兒．里法特則是對我預言了一個讓人比較安心的結局。她說我會活到九十二歲。

我們可以把這三種預言交互參照，以想像讓我離世的原因：由於老到記憶力受損，加上對於摩托車不變的熱愛，所以我忘了珍娜維耶的勸告，衝到特許經銷商那裡買下最新型的重機。我無法平息對於速度的渴望，加上忘記珍娜維耶的警告，於是騎到加得橋兜兜風，結果過彎失敗……這樣的推斷也未嘗不可，總之，還得等上三十年才知道這些預言最後是否成真。

參加催眠通靈，並不一定能讓你找到想要找尋的東西，我們只會獲取實際生活當中可以令我們受惠的經驗，僅此而已。至於會有什麼樣的體驗，沒有人能夠決定，無論是我的團隊，或是參加者也都不能。因為決定的是宇宙，不是我們。

當歌手米雪兒．多爾在二〇一九年二月到尼斯參加第三次的催眠通靈時，對我們說，這個全新的體驗讓她得以找回過世的父親，而前兩次的催眠通靈給了她勇氣與力量，足以徹底改變自己的生活，離開在不知不覺當中摧毀她的男人。二〇一〇年的時候，這位以優美的歌聲唱著〈今晚帶我跳舞〉的女歌手，對她的劊子手提告家暴，但最後撤回了告訴。誰會想得到詮釋這樣一首浪漫歌曲的歌手會默默地忍受如此的創傷。

米雪兒向無形世界提出了幾個簡明的問題，而答案也同樣明確、毫無含糊之處。我得說，這位已詮釋超過五百首歌曲（其中好幾首還獲得了金唱片銷售認證）的女藝人，進入了相當深沉的催眠狀態，以致於我必須到她身旁喚醒她。

幾個星期之後，《尼斯早晨》日報刊登著標題為「米雪兒．多爾結束二十五年情」的報導，沒有人知道一場催眠通靈會或許就是她下這個決定的主因。

顛覆人生的體驗

皮耶．賽巴斯丁是客運司機。這個人很腳踏實地，對事也習於理性分析。我要謝謝他同意我刊登出他的見證，也希望他會原諒我縮短了他的記述（特別是在接受催眠通靈之前所體驗到的瀕死經驗細節）。我想，內文經過縮短之後，將會提高可讀性並加強了力道，讓人容易掌握他的體驗重點。他自己是這麼寫的：其他人的記述像首詩，但我的不是。確實……

一開始，皮耶對於自己的催眠通靈體驗感到失望，因為他什麼都沒感覺到，也覺得這段體驗沒什麼。不過，就如同你們接下來將會讀到的，他很快就改變了看法，因為他的催眠通靈體驗將會顛覆他的人生。

親愛的尚賈克・夏博尼：

我想要與您分享我於二〇一九年四月二十五日在坎城的催眠通靈體驗。在擁有瀕死經驗之後，我便對冥想、量子力學、佛教與靈體投射很有興趣，而我也全盤拒絕任何的宗教與書籍，因為那些對我來說已經變得可笑與迂腐。冥想反而成了我最愛的活動之一。我不會像僧侶那樣冥想，不過我會在睡前利用立體音效冥想。跟您說，您可以想像我在夜裡脫離了自己的軀體時有多麼驚訝嗎！能夠發現到我們不僅只是血肉之軀，真的是個很棒的禮物。從那時起，我便對於靈魂出竅與人類意識感興趣，也讀遍所有給予「靈魂任意出竅」建議的知名作者之作。對我來說，意識存在於大腦之外，就這樣，沒有其他的可能。

結果有一天，我收看了一部關於瀕死經驗的電視節目，某位名叫尚賈克·夏博尼的麻醉科暨急診重症監護醫師解釋說，意識並不是像肝臟分泌膽汁一樣，由大腦分泌而出。一聽到這，我的心臟狂跳，啊！看吧！一個想法與百分之九十九的同業都不同的醫師！

於是我拚命讀您的所有著作，而後，您有了透過催眠複製瀕死經驗的想法。這個想法實在妙極了，卻又理所當然。催眠令我們得以與自己的那個部分——讓我們呼吸、心跳、消化等等的部分——交流。我在做過一場催眠之後，戒掉了菸癮，可是我有一個罕見的毛病，當我進入深沉的催眠狀態中時，我的左眼會是張開的。

您一開始辦的催眠通靈會根本買不到票，除了某個晚上八點半於坎城的場次，所以我來到坎城了。當看見你們吃午餐時，我簡直感到迫不及待。

後來我們進入會場，播放的立體音效已經讓我進入了放鬆狀態。奇怪的是，聽見的人只有我。我們自我介紹，彼此牽著手圍成一圈。光是在這個時候，我便感覺到手中有一股衝力。待我們窩進各自的扶手椅裡之後，活動便開始進行。我很快就成功定錨，不過當我進入催眠狀態的時候，我的左眼是睜開著的，唉唉，我的腦意識分析阻止我繼續放鬆，我對自己說：「該死，完蛋了。」

我看見了能量由下往上朝每個脈輪流動，達到我的頭顱頂點時，我並沒有感覺自己脫離了軀體，我也睜開了眼睛。

啊，我並沒有像冥想時那樣讓自己任意脫離軀體，我做不到，我運用著自己的想像力，硬是要讓自己看見那張長椅、那片濃霧——結果沒有，我什麼都感覺不到，很失望，真的，我只能等著活動結束。

我想起我的孩子，然後，不知道是我自己還是某個形體，總之，一場對話開始了，內容如下：

「你在這裡做什麼？」

「喔，我想要見我的家人，就這樣，而且我還付了錢。」

「你的家人。你以為這樣有用嗎？」

「當然了，你知道我想要更多的證明，不然我沒辦法說服自己。」

「你是瞧不起我們嗎？所有我們給你的訊號都只是個玩笑而已，最重要的是此地此刻，與你的孩子在一起。你應該要和他們在一起的！」

接著，我告訴自己，沒能體驗到什麼，真的很可惜，但當我決定放棄時，卻感覺有人碰了我的右手臂。我的雙手和前臂變得很熱。雖然我睜著眼，但還是綁著蒙眼帶，不過好像有一道白光在我眼前，結果呢……我怎麼了呢？這是什麼感覺啊？發生了什麼事？我的天啊，真的好強烈，我的身體開始顫抖，我的心臟狂跳，我的肚子不舒服，我的喉頭發緊，而且……我哭了。哇，多麼強大的力量！真的太過強大了！但它卻是好的力量。突然，我身旁吹起了一股寒風，那種感覺就像五年前我陪伴父親直到他斷氣為止的感覺：就像是一股磁能。我感覺有人撫摸我的手，感覺自己正在放電，有人動了我的右手。我對自己說：老天爺啊，這真的太神奇了！已經什麼都不期待、也不需要證明的我，竟然得到了一份禮物。

不過，我還是什麼都沒看見。我推測是因為我的意識還在我的軀體裡，與軀體一起待在地上，同時也在我的軀體之外。我推斷，就跟我冥想一樣，我在不知不覺中脫離了自己的軀體。可是我不會怪自己如此依戀實體，畢竟離開自己的軀體是件嚇人的事情——那些曾有過這種經驗的人，一定知道我在說什麼。

我不確定家人是否與我在同一個世界，或者這些靈性的撫愛是否來自靈界？

總之，這真的非常強烈！這一晚，我感覺到好幾個親人的存在。接著，我聽從您的聲音要求，和大家一起回到自己的軀體，然後逐漸恢復意識。

在這時候，我還是可以明確感受到內心激動的情緒。我問隔壁的女士有沒有感受到什麼，她說她感覺很冷。

我們重新圍成一個圓，我感覺自己的手非常燙，然後又感覺到自己的手在身旁鄰人的手裡放電。

我需要一點時間消化這段體驗。

自從這趟旅行之後，我變得更偏向靈性了。我開始討厭肉類、反對人類對大自然的作為，疑惑著我們怎們會在這個完全瘋狂的全球資本主義體系裡走到這樣的地步。

現在，我視我的孩子為進化的個體，但那並非是因為他們是我的孩子，而是他們可以彌補我們所犯的過錯。我會試著啓發他們的靈性。

我知道其他人的記述像首詩，但我的不是，不過我所能夠説的，就是催眠通靈是一個有效的工具，我們的體驗並非暗示或者幻覺，我們經常不缺證明，缺的是詮釋。

或許催眠通靈就如同以上這則記述，可以帶來靈性覺醒，還可以在其他時候意外地派上用場。

二〇一八年五月二日，克里斯汀娜．札諾基在特魯瓦接受催眠通靈。她暗自期待能夠找到五年前離世的姐姐，但最後讓她遇到的，卻不是這場衷心期待的相會。以下內容摘錄自她的心得報告：

關於我那已經疼了六個月的肩膀，在接受催眠通靈的前一晚，我去找復健師，他說我的肩膀很卡、緊繃到不行。我右邊的肩膀疼痛發炎已經兩個月了，不過還能活動，而左邊的肩膀不會痛，但是活動的幅度有限。在催眠通靈的時候，肩膀的疼痛先是倍增而後消失，我感覺有人幫我移除了疼痛。兩天之後，我再去找那位復健師，結果他完全不敢相信，我的肩膀竟然不再緊繃，我的右邊肩膀也完全不痛了，至於左邊肩膀的活動幅度有了改善，不過還不到最大程度。

二〇一八年七月十四日，卡特琳．拉貝於南特參加一場催眠通靈。一年過後，她寫信告訴我，那場活動如何大大地改變了她、給了她安慰與鼓勵。當她報名我們的活動時，心情很低落。儘管她有兩個健康的可愛兒子，但是她因為再次子宮外孕才剛剛失去第三個寶寶；而且應驗了「禍不單行」這個詞，她還從醫院得到了很壞的消息：她的婦科切片檢查發現有癌細胞。

卡特琳還說，她在催眠通靈的過程之中，遇見了那個已逝孩子的靈魂，以及她的曾祖母。曾祖母將手放在她的腹部，同時還對她說話，安撫著她。卡特琳當下感覺到曾祖母撫摸的地方有灼熱感。她的曾祖母告訴她，她的健康沒有大礙。

隔年夏末，卡特琳等著新的追蹤檢查報告，內心的焦慮可想而知。然而沒過多久，她的心情終於放鬆下來，因為正如她的曾祖母所言，她的健康沒有大礙：最新的切片檢查報告沒有發現癌細胞的蹤影。除此之外，她的婦科醫師還給了她另一個驚喜：她卵巢內那顆或許導致她三次子宮外孕的大囊腫，已經完全消失。而那顆腫瘤的位置，正是她已故曾祖母為她進行能量治療之處。

二〇一九年九月八日，塞琳娜．勒貢特於里爾接受催眠通靈。她在報告當中敘述著這場催眠通靈如何改善了她的人生。

首先，我想要對您說聲謝謝，因為這場體驗完全改變了我的人生！當時，我的人生陷入了困難與痛苦，也充滿了疑問、懷疑、悲傷與不平。我並沒有在催眠通靈會後立刻向大家說明自己的體驗，因為我需要先整理一下自己的思緒。

一開始，我看見我那已故的爸爸與曾祖母。我坐在一張長椅上，他們倆坐在我身旁。我的曾祖母告訴我，她與我爸爸都守護著我。

他們還對我說，他們知道我很苦，可是我必須經過這段痛苦的過程，靈性才會提升。接著，我爸爸對我說，當我的外甥女生產時，他會在那裡支持她，並且迎接寶寶。他還事先提醒我，說大家到時會很害怕，因為分娩過程會很不順利，不過最後一切都會平安無事的。他要我把這些話告訴我外甥女。

在催眠通靈結束後的當晚，當我回到了比利時，我外甥女正好開始陣痛。分娩過程確實特別不順，不過最後以平安收場。

接著，他們還將手放在我的上半身。一位非常明亮的形體陪著他們。我看見我的祖父母，不過他們沒有和我說話。自從催眠通靈之後，他們帶給了我許多的愛，我不再像之前那般的悲傷、焦慮。我的感覺真的很好，甚至還能夠退一步看待自己的問題。我爸爸叫我要放下，好好享受生命，因為生命非常美好。他們讓我對於自己的問題不再那麼擔心。

我真的要好好地謝謝您。您讓我得以卸下阻礙我前進的重擔，讓自己變得幸福。我會去盧昂參加第二次的催眠通靈，希望到時也一樣能夠獲得滿滿的感動。

祝福你們！

二〇一八年九月三十日星期日，維珍妮・德瑪於格諾伯勒接受催眠通靈。她認為自己也同時接受了能量治療。在催眠通靈中接受能量治療這件事，算是平凡無奇，只不過在她的例子當中，為她進行能量治療的並不是隨隨便便的人物……

……現在，在我面前的是：耶穌。

我眨了眨眼，不，這是不可能的！可是確實就是。耶穌就在我面前，環繞著祂的光，潔白得無法形容……

在祂面前的我十分渺小。祂將手放在我的頭上，我感覺到身體裡有一股無邊的熱氣正療癒著我。我自從十年前切除膽囊之後，就有嚴重的消化問題。就算戴著耳機，我也聽得見自己的肚子誇張地發出咕嚕咕嚕的聲音，我知道，也感覺到這個毛病從此會獲得改善。我這個人很缺乏自信，就算我身旁的人老安慰我、鼓勵我還是一樣。可是我感覺到由於這隻放在我頭上的手，我的自信心出現了，而且強烈地存在著，我變得信心十足……

然後回歸軀體的時刻到了。我感覺自己才在這張扶手椅上坐了十分鐘，可是您向大家宣布時間總共過了一小時十五分鐘……

我感覺自己的脈輪火熱，燦爛（比以往更明顯），整個人非常、非常熱，但是很舒服。

靈魂的療癒

二〇一九年九月二十八日，我很榮幸參加一場從健康、冥想與意識談

「身體的療癒vs.靈魂的療癒」的國際座談會。這場座談會於巴黎勒格蘭德雷克斯大戲院舉行，總共有兩千五百名觀眾。在五十分鐘的報告當中，我花了一半的時間談論在催眠通靈會中出現的驚人療癒事例，並將幾則於心得報告時所錄下的見證播放給觀眾聽。那些見證提到的是快速又驚人的改善效果。

我的報告回應了諾貝爾醫學獎得主伊莉莎白・布雷克本（Elizabeth Blackburn）的報告。她向我們所展示的研究成果令她榮獲了這項尊貴的獎項。她言談機智地為我們講解冥想具有延長端粒，對健康發揮效用的能力。端粒為染色體末端的特殊DNA非編碼序列，就如同一面生化盾牌，可以保護我們的基因庫免於受到侵害。老化會使端粒變短，讓疾病可能出現。這些保護分子隨著時間變短的原因有二：其一，這些細胞於分裂之時，應分裂為具有相同基因的複製品，但DNA染色體的末端並無法複製；其二，就算細胞不進行分裂，染色體末端的DNA有時也會受損。事實上，DNA對於氧化的傷害非常敏感，而一部分端粒就會破裂、鬆脫——而這幾乎是無法避免的現象，而結果就是：要是某個細胞的端粒過短，就表示染色體末端受損，如此一來，便會妨礙細胞複製，進而導致運作中斷。下個階段（en aval）就是各種疾病的表現，像是糖尿病、心臟疾病，甚至是某些型態的痴呆。面對這種可能會快速產生的縮短現象，細胞產生了防禦機制：特別是發展可使DNA再度強化的端粒酶。不過布雷克本博士在她的研究中證明了冥想能夠增加這些了不起的端粒長度。冥想其實無異於連結直覺分析。我們可以由此推論，連結直覺分析能夠刺激端粒顯著增長。

此外，歐洲靜觀的主要教師之一：馬丁・愛華（Martin Aylward）與哲學家瑞薩・莫哈達西（Reza Moghaddassi）皆強調冥想於健康之重要性。而瑞薩・莫哈達西更是將冥想課程導入法國學校。

聽了這些講者的發言，我們可以清楚知道我們的腦意識分析會對健康帶來有害的影響。得要懂得抑制腦意識分析、令腦意識分析安靜，以與直覺分析的訊息連結。

那些催眠通靈參與者在體驗的過程當中，經常有被觸摸、熱，甚至是疼痛的感覺，也有可能會感覺到坐著的椅子動了或是被搖晃。他們感覺到有人給予他們擁抱或是溫柔撫摸，也感覺到身體的某些部分振動或發熱，或是有一股冷風吹拂而過，或是一隻看不見的手以或多或少堅持且持續的方式溫柔地握住了他們的手。我們可以合理地認為這些體感是催眠狀態所產生的假想現象。在這樣的狀況之下，沒有任何可觀察的臨床症狀能夠反駁這種幻覺的假設，除了以下的體驗……事主於催眠通靈時所出現的某種清晰的感覺，留下了可觀察的臨床跡象；而那個跡象非常驚人！

二〇一九年十月五日，拉雪兒．比西安在丈夫（我們先前已經讀過他的見證）的陪同之下，於波爾多接受一場催眠通靈。她暗暗地希望能夠與她已逝的女兒達倫接觸。達倫於二〇一七年死於一場車禍，得年二十五歲。

在催眠通靈的過程當中，達倫穿著一件粉色洋裝露面了。

這名年輕的女孩神情頗為喜悅，並以手臂做了一個難以理解的動作。她的母親對此越來越好奇，因為她感覺在那個當下，右手腕出現了一股強烈的疼痛。這種不快的感覺在一個小時二十分鐘（她以為只有十分鐘而已）的催眠結束後停止。

哀傷的母親因為剛剛的體驗，在完全困惑的狀態下離開了會場。達倫用手臂所做出的動作是有什麼意義嗎？為何她會同時間感覺到右手腕出現了嚴重的收縮？為何這種感覺會隨著活動結束而劃下句點，來去同樣突然而神祕？隔天早晨，當她下床的時候，拉雪兒又遇上了另一個驚奇：她的右手，從右手腕到手臂出現了一大片瘀青。而這醜惡的瘀青清楚描繪出了一張臉孔；一個長髮女孩，左眼下有一顆痣、嘴唇豐厚：正是達倫的臉孔！

不可思議的遙視現象

二〇一八年三月十二日，卡琳娜・華布洛思基參加了一場催眠通靈會。

在過程中，她看見自己還好端端活著的男友出現，因而大吃一驚。她所看見的場景彷彿自己漂浮在家中廁所的天花板上，而她的男友就在那裡。那位年輕男子在這個地點是因為某件明確的事情，而非滿足生理需求。她揣測著他的想法：他計畫要安裝捲筒衛生紙架，可是不知道該裝在哪個位置好。他遲疑了一會兒，最後決定放棄，等女友回家一起決定。然而卡琳娜還是覺得擔心，她知道在催眠通靈時應該要看見已故的人，那為什麼她會看到這個與自己共同生活的男人呢？在自己參加這場活動的同時，這個男人會不會出什麼嚴重意外？會不會喪命？

當催眠一結束，她便急忙傳訊息給他，想要確認狀況。他的回答讓她即刻放下了心：呼，她的未婚夫還活得好好的，而且還非常健康！不過他接下來的回覆才是真的讓她吃驚，因為他清楚寫著自己確實正計畫安裝一組捲筒衛生紙架，只是考慮再三之後，他寧可等她回家再決定安裝的位置。所以，她如何能夠想像出這樣的情境呢？

當我們就這段故事詢問她，所得到的答覆是：

當我所看見的，在現實生活中獲得確認之時，確實令我相當震撼！我所看見的場景，正在兩百公里以外的地點同步發生，而我事前並不知道我男友當晚的計畫，更不知道他準備在晚上開始敲敲打打。當我再度說起這件事情時，就只感覺到不可思議而已！

這種「遙視」現象，對靈媒而言可說是相當熟悉。這種超感知的能力在冷戰時期以一種非常嚴肅而認真的方式廣泛運用。一些為美軍服務的靈媒就是憑藉著這種能力，判定出某些蘇聯軍事基地的位置，並且將這些情報交給美軍軍方。

由於催眠通靈參與者給我的這些特殊回饋，讓我開始習慣在催眠進行前的演講這麼說：「你們可能也會看見自己所在位置以外的地方同步進行的場景，所以呢，要是這種現象真的發生了，別慌，那並不表示你們所看見的那個人在這場活動進行之時過世了，而是一種遙視的現象。」

親身體驗遠比理論證明還來得有說服力，我也會依據我所擁有的時間，為他們列舉一到兩件事例。

我最愛提出來的例子，是一位瑞士催眠通靈參與者的體驗。這位女士在催眠時看見自己的小兒子穿著一件黃色大衣、戴一頂灰色無邊軟帽，在大賣場奔跑，於是著急了起來。她從沒見過他這身打扮，猜想他出現在這樣的情境是為了什麼，難道是為了向她示警？

這個幻象令她憂心，她趕忙打電話給應該在家照顧兒子的丈夫，卻找不到人。這個媽媽嚇壞了，在心得報告開始之前就衝回家。

就在她到家時，她丈夫也同時抵達，並且將車子停在她車子旁邊。而當她看到那小小乘客從後門下車時，簡直不敢相信——這個孩子確實穿著黃色大衣，還戴著灰色無邊軟帽。而且在她接受催眠通靈時，她的丈夫正在一家大賣場幫兒子買這套幾乎不可能成真的衣服！

這裡我們又清楚看到，「催眠」不能與「埋藏於無意識之中的記憶突然出現」相提並論，因為這個訊息「黃色大衣與灰色無邊軟帽」並不存在於這位媽媽的腦海之中。

我也曾經向參與者述說蘇菲・畢亞在接受催眠通靈時（二〇一八年七月九日於土魯斯）所體驗到的「遙視」。

當她在下降、感覺到與自己的軀體合而為一之前，看見了在我們的飯店附近，有一間綠色屋頂的長方形建築物。後來等她回到家，便利用Google Earth檢驗自己那獨特的幻覺。結果她在電腦螢幕裡看見令她大吃一驚的東西：那個屋頂確實存在！那是我們當天所在地點旁的一家飯店。而要是沒有從空中俯瞰的話，根本看不見屋頂的形狀和顏色。

羅伯・拉封是一名編輯。他很有勇氣，也很有膽量，出版了法國第一本雷蒙・穆迪的書《死後的世界》，後來這本書成了知名的暢銷書，全球共售出超過一千三百萬本。

我完全不知道羅伯・拉封自己曾經有過瀕死經驗，而且還擁有感應能力，對於任何與靈性相關的一切也都很感興趣。我會知道這些事情，全拜他的孫女潔哈汀娜・拉封之賜。

二〇一八年十一月二十四日，她特地到土魯斯接受催眠通靈。據她表示，如果她最愛的爺爺還在人世間的話，一定會對於我所做的事情非常有興趣，也很有可能參加至少一場催眠通靈活動。而今他的人雖然不在人世，卻似乎透過一連串驚人的共時性事件，讓他的孫女前來參加；總之，潔哈汀娜就是這麼認為的。

她的催眠通靈報告，內容頗有令人意外之處，因為除了與逝者接觸之外，這名年輕女士認為自己能夠看見距離幾百公尺以外正在進行的事物。以下是她針對這個話題所寫的報告：

……我再次出發，到雷恩去找我其中一個兒子。他就住在那裡。我看見他待在廚房的某個確切地點。他也證實在我所說的那個時間點，他的人確實就在那裡。

卡特琳・亞梅於二〇一九年九月三十日在巴黎接受催眠通靈。她看見自己的兒子，只是他們中間隔著一片海洋，可是她寫給我的內容是這樣的：

……當您暗示我們脫離軀體時，我其實感覺到的是自己的軀體分解了，我成了宇宙中的一個粒子。

我被帶往了蒙特婁，看見我的兒子戴著一頂淺色鴨舌帽走在街上。我問他為什麼在十一點與十二點之間出門，還問他是不是戴著一頂鴨舌帽。他剛剛（透過whatsapp交換的相片檔案）證實當時他的確出了門，還戴著他爸爸的鴨舌帽（是淺色的）。

以下是瑪麗-皮耶・樂巴的催眠通靈見證。她於催眠通靈時所接收到的詳細訊息當下未能明白，直到後來才終於驗證其真實性。

面對這些記述，我們怎麼還能宣稱這些在催眠通靈當中所接收到的訊息不是源於神經元之外？接受我對於直覺意識與腦意識分析所做的假設難道不會比較簡單嗎？要是我們認為所有於催眠狀態中所提供的指示，都是大腦的產物，那麼，這些所有的體驗都是不可能發生的！

事實是不言自明的，而且會越來越多。

……這時，一柱光線緩緩出現，照亮了此處，然後我的母親希勒薇露面了。她的臉孔輪廓逐漸顯現。這真是出乎我的意料。她對我說，我和我哥哥是她還在世時，人生的快樂泉源，接著，她邀我一同旅行。

出於好奇，我於是跟著她走。

我們來到了我哥哥尼古拉（三十五歲）的房間。尼古拉大我兩歲。我看見他在他目前的房間裡，身體躺向右側，對著窗、背著門睡覺。

媽媽微笑，我看得出她很自豪。她告訴我，床下有一本黑色的書，我得要告訴我哥哥。接著，她告訴我，她每晚都會去馬索（我哥哥的兒子，一歲半）還有喬瑟夫（我的小兒子，二歲半）的房間看看他們、親親他們。

隨後，她對我說，她因為沒有了能量，所以得離開，回到那道光裡，有點像是電池沒電。

在這場活動結束之後，我滿心疑惑，腦意識分析完美發揮了它的功能。我猜想著這些訊息是否都是由我的心智創造而出的，可是我也知道我可以對某些疑點進行驗證……

一到星期一早上，我便打電話給我哥哥（他排斥任何的靈性活動，是個非常實際的人）。我問他前一晚的半夜是不是睡在他的房間裡，他答是。我也問他在主臥房的那張大床上，他是不是睡在靠窗戶的那一邊，背對著門朝右側睡。他又給了我肯定的答覆，同時還證實他一直都是這樣睡，不過我問題內容實在太詳細了，令他相當好奇。

接著，我問他馬索是不是每晚在固定時間醒來？他回答是的，馬索每晚三點左右一定會醒。

而後，我問他知不知道他們的床下有一本黑色的書。他花了一點時間去察看，幾分鐘之後，他拿起話筒，向我證實那本書就是他們放在床下的婚紗相本！

最後，星期一晚上，我跟我丈夫談起前一天所做的催眠通靈。我得說明的是，我先生是金融工程師，對於這一類的話題都抱持著懷疑的態度。我告訴他，我的母親每晚三點的時候都會去親親我們的小兒子。結果星期一跨星期二的夜晚，猜猜發生什麼事？喬瑟夫在三點整的時候醒來！

——瑪麗-皮耶・樂巴

二〇一九年九月八日於里爾接受催眠通靈

這場體驗也排除了透過心電感應將催眠通靈得到的訊息傳遞出去的假設，因為瑪麗-皮耶的哥哥並不知道他的床底下有一本黑色的書，得要察看之後才確認符合描述的物品就在那個確切的地點。

與前世連結

如果說催眠通靈給了我們關於未來的訊息，那麼，它也可以讓我們與過去重新連結——這樣說來，與我們的前世連結又有何不可呢？

著名的《螞蟻》一書作者貝爾納・韋伯，是法國最暢銷的作者之一。他的書在俄國、南韓銷售超過數百萬本。他熱愛催眠以及所有與密傳學說、玄奧之事相關的一切，當然一定會參加我們的活動。以下是他二〇一九年三月十五日於楓丹白露結束催眠通靈活動之後，對我們所說的內容：

「我感覺脫離了自己的軀體。我看見逝去的親人：我父親以及兩位朋友，其中一個的出現令我十分意外。我看見自己回到了前世，大概是亞特蘭提斯[7]時期。」

---

7 作者注：亞特蘭提斯的故事，首見於柏拉圖（西元前四世紀）的著作。根據雅典政治家暨詩人梭倫（西元前六世紀）的描述，亞特蘭提斯士兵於九千年前，自大西洋海底而來。

瑪麗-皮耶・歌達的見證也提到了亞特蘭提斯。她在二〇一九年三月二十三日於坎城接受催眠通靈。這段驚異的內容正是一連串看見或多或少富戲劇性的前世的開端。

我站在濃霧之中。當濃霧散去時，我看見了陌生的景象。整個人輕飄飄的，再也聽不見您的指令。我在一片曠野上空飛著，看見曠野中有兩個小孩。風馳電掣、時間飛快掠過。我站在海邊。一隻海豚與一隻鯨魚正等著我。我毫不猶豫地潛入了海洋。牠們帶領我到了一座城市。城市裡有人在，我在那裡感受到了喜悅與愛，以及閃耀的色彩與花香。不知名的鳥兒啼唱。人們以心電感應溝通。我來到了布置成會議室的洞穴。一些偉大的智者坐在他們的寶座上。會議室裡有許許多多的綠翡翠、紅寶石與石英。這裡沒有女性。這裡是亞特蘭提斯。

再次出發，時光倒流。我看見一對年輕的未婚夫妻，穿著寬外袍和涼鞋，手牽著手在路上漫步。

他們內心充滿了愛。我感覺那名男性就是我。空氣潮濕，氣溫悶熱，真的讓人很不舒服。遠遠傳來了隆隆聲，天空下起了某種粉塵。民眾驚慌地推擠。原來是火山甦醒了，我們明白死亡近在眼前。最後一眼，我們彼此承諾每一世都要找到彼此。一道愛情的永恆連結就在那一刻建立。接著，一切都變得黑暗。我聽見某個存在對我說，這個人在這一世一直都在我身旁，而那裡是龐貝城。

重新啓程。遠遠地，我看見了金字塔，它比較像是馬雅的金字塔。我在一條石板路上降落。中世紀的風景。有人給我看一位痛苦得厲害的痲瘋病人。他的身體已經處於腐爛的狀態，繃帶骯髒、脫落，並且完全遭到孤立。我感覺到他散發出死亡的氣息。

我又再度啓程，來到了某個陰暗之處。環顧四周，一個光著身子的寶寶仰躺在一塊石頭上，放聲大哭。一名女性低頭看著他。我可以感覺到她的振動，彷彿自己與她連結在一起。她手裡拿著一把刀。我聽見「奉獻」這個詞。那名女性穿著一件黑色斗篷，兜帽蓋住了她的臉。這裡正在舉行黑彌撒。眼前所見令我驚恐，讓我非常想要離開。可是我還是不帶任何評斷地觀看這個場景。這個場景屬於過去，而且與經驗和學習有關。沒有什麼事是嚴重的，一切都是合理的……

二〇一九年五月，羅倫絲・慕蘭在波提耶接受催眠通靈。她在催眠狀態中顯然遭遇了某個前世。她的記述頗為清楚詳細，完全不會讓人以為那是她在現實生活中所體驗到的場景。

……我被投射在第一個場景裡。或許是某個前世的記憶？我來到了一座花園。時序是夏天，幾個孩子在玩耍，都是小女孩：那種典型的小女孩。她們穿漂亮的白色或淺色裙裝，長髮、繫著緞帶、微笑、歡笑、腳步輕快、無憂無慮的童年。我看見大樹，一座有繩子與木板的老式鞦韆。這一切都令人感覺舒適，讓我很想與她們一起遊戲。我們大概是五或七歲吧。都是年紀小的女孩子。

接著，畫面突然一轉。一群男人排成兩列，每一列大概是四到六個人，從右邊過來。他們穿著藏青色的制服，特別是每個人都各自持槍橫向瞄準一個小孩，然後開槍射擊。小女孩一個個倒地死了。所有穿著白色衣服的屍體，躺在花園的地面上不動。

我簡直嚇呆了。我拔腿就跑，跑向那棟具殖民風格的大樓房，躲在某個東西（或許是階梯，或許是小儲藏室）底下，想辦法要鑽進某個地方躲起來，就像鑽老鼠洞一樣（我的今生經常有這種感覺）。我蜷縮著身體，把頭夾在雙腿間蹲著，雙手摀著耳朵，整個人驚恐不已。我聽見腳步聲，很怕他們發現我之後，把我也殺了。接著是一片靜默。接著是對於被解救的漫長等待；接著是對於被獨自留下、被遺忘的恐懼。

一個女性的存在拉著我，結果我就直接被投射在另一個新的場景裡。我看見在產科裡排成一排的嬰兒床，新生兒就躺在這些玻璃嬰兒床裡。

我的腦意識分析對我說：「喂，一開始就來個下馬威。我可沒預期到我的催眠通靈會以兇殺事件開場。然後，這兩個場景到底有什麼關連啊？到底是要跟我說什麼？」

我們可以合理地認為羅倫絲在催眠通靈的時候，重新回到自己在某個前世的死亡場景。那一世的她，是個年約六歲的小女孩，當穿著藏青色的軍人野蠻地處決她們之前，她正在和其他同年紀的小朋友玩。儘管她躲起來逃過死劫，但是無疑地仍是被找出來並且殺害，後來投胎成了產科裡的新生兒。

在接下來的報告當中，這位催眠通靈參與者同樣認為自己被投射在某個前世，回到了自己死亡的關鍵時刻。場景是中古世紀，而他發現自己在一副女性的軀體裡。

……我發現自己就在某個片段之中，就像在一部電影裡一樣，而我是唯一的觀眾。一時間，我全身發抖，前臂開始疼痛了起來。在那當下，電影開始播放：前世的景象。一種算是暴力的景象，因為我看見自己以女性模樣躺在地上，奄奄一息（我感覺如此）。場景在一棟古老的屋子裡——看起來像座農場，不過有別於我們在鄉下看見的農場，它是木頭柴泥屋配上泥地這種風格。

天色已晚，我所在的房間看起來就像是一間廚房，有一張老舊的木頭桌子，桌子底下還有地上有幾個破碎的陶土盤子。我認為整體散發著中古世紀的氛圍。雖然你們可能會覺得奇怪、不解，可是我是女的。我感覺自己就是這個奄奄一息的女人，實在令人非常困惑！坐在帆布折疊椅上的我，前臂疼痛，彷彿正抵禦著某種襲擊。接著，一個男性身影朝著房門奔跑。我看見這個女人的靈魂離開了軀體，可是她沒有可帶她走的銀繩。當下，我恍然大悟，這個剛死於暴力的女人就是我，我剛斷氣了！這令我不知道接下來該怎麼辦才好。我再度聽見了您的聲音，於是快速下降，緊跟著您，慢慢地讓麻木的身體與在折疊椅上無法動彈的手恢復知覺。

我足足過了一個多月的時間才有辦法寫這封信給您，因為我猶豫著該不該讓您知道這個驚人的前世體驗；這個特別讓我感到震撼的體驗——我略去了某些細節，因為那些細節屬於催眠療法的範圍。自從催眠通靈之後，我開始接受催眠療法，也因為催眠療法得以瞭解自己的性格與目前生活的某些面向。

——羅倫斯・修麥
二〇一八年三月十二日於土魯斯接受催眠通靈

雅尼克・喬瑟夫・瑞丁諾也認為在二〇一九年四月二十七日於里昂所接受的催眠通靈，讓他回到了某個前世。當他在催眠狀態當中時，被投射到了自己曾經到訪過的地點：凡爾賽宮的小特里亞儂宮花園裡的愛神廟。到此為止，一切都算平凡無奇，因為他曾經到過這個地方，所以這有可能只是他的意識喚起了某個埋藏的記憶。不過，唯一的問題就是當他在催眠狀態時，他已不再是雅尼克・喬瑟夫了，因為他在瑪麗・安東尼時代的某位女性體內！在這個皇后的私人領域裡，陪在他身旁的是他已故的祖母。她鬆開他的手，掩藏不住喜悅之情地對他說：「去吧，她在等您！」雅尼克・喬瑟夫走近城堡之際，他的身體也出現了變化。他轉身，看見自己以往的肉身軀殼就在紅色扶手椅上。他繼續往前走，此時他是以瑪麗・特蕾絲・路易絲（朗巴勒親王妃）這位完美侍女的外型示人。其實這件事他早在先前參加召魂術時就已經知道了，只不過現在他多了實質的肉體證明——如果可以這麼說的話。他直接經歷變身的過程。

雅尼克．喬瑟夫精熟歷史。這位朗巴勒親王妃直到生命的最後一刻，依然對瑪麗．安東尼忠心耿耿。她也是唯一沒有否認瑪麗．安東尼的真正朋友：她拒絕像其他的宮廷貴婦一樣出逃外國，並且與王后一起面對這場致命的大革命，最後在協和廣場上（當時稱為革命廣場）遭到斬首，而斬下的頭顱還被掛在長矛上示眾。

雅尼克．喬瑟夫經過了一座中國式旋轉木馬（現已不存）前面。他可以清楚向我們描述自己在此刻存在的女性形體：穿著宮廷禮服、梳高的頭髮裝飾著緞帶，插上了玫瑰與丁香。他可以感覺到馬甲壓迫著腹部，以及禮服的重量。他，或者應該說是她，繼續往前走。瑪麗．安東尼在那裡等著她，對她說：「親愛的！」接著兩人給了彼此一個擁抱。這位朗巴勒親王妃還清楚記得摯友的灰藍色眼珠、氣味、茉莉與柑橘調的香水味，也認得她雙手的纖細與輕撫的溫柔。王后又對她說：「你還記不記得我們的友情招致了多少的妒忌、怨恨、毫無根據的流言？你看，他們以為殺了我們、毀滅了我們，結果我們一直都在，也繼續進化，這就是美妙之處。最糟的不公不義在這裡已經獲得彌補。我也學會了原諒我的劊子手。親愛的，你看，一切都是公正的。愛，是一種永遠不會風化的連結。每一天，我都在，我看著你、支持你、讓我最完整的愛圍繞著你。」

二〇一九年三月二十二日，尼可拉．薩羅於坎城接受了催眠通靈。他自稱被投射到了二次世界大戰時的前世。當時，他瘋狂地愛著一個女人。當他的軍艦停靠在波爾多，準備沿著法國海岸而上、穿越英吉利海峽時，他以為可以與她相聚。那趟旅程按理說不會有任何問題，可惜事情發展卻是出乎意料。他不知她落海的詳細情形，而她的意外死亡令他失去了最愛——甚至是一生中的最愛。從此，尼可拉知道為何自己聽到、看到男人與女人之間的真摯愛情故事時，總有一種悲傷懷念的感覺啃囓著心頭。

艾瑞克．史赫於催眠通靈時所得知的某個前世，是一則海上失蹤的故事。他在催眠當中，發現自己正在大海上游泳，附近有一艘大船。他感覺到大砲往他的方向打來所造成的震盪。然而其中一顆砲彈還是擊中了他，讓他喪命——至少，我們讀他的記述時是這樣猜想的。這位催眠通靈參與者自此明白自己為何在港口時，或是在大船附近時，總會感覺到一股特別的焦慮。他所做的催眠通靈給了他解決這種恐懼症的關鍵。

愛麗潔．貝里耶在二〇一九年四月二十七日於里昂所做的催眠通靈，讓她回到了某個前世，也明白了自己為何恐懼硬膜外麻醉。

……我一下子降落在沙漠裡！我是個男人，有人從背後推著我走。我不知道是從一隻駱駝還是大象背上摔了下來。突然之間，我感覺到背後傳來了一種奇異的感覺，幾乎就像是疼痛。有人告訴我，我就是因為這樣才這麼害怕硬膜外麻醉，我甚至在生第二胎的時候拒絕接受硬膜外麻醉。原來是前世的關係。

我願意讓愛麗潔·貝里耶自由詮釋她曾經拒絕硬膜外麻醉的原因。

與非人類的接觸

奧菲麗是大學數學教授。由此我們可以得知——她本人也在信件中強調過——這是一位理性、追求證據與論證的人。但是這並不能阻止她熱衷於所有與祕教和無法解釋事件領域相關的一切。她的催眠通靈體驗頗為獨特，因為她認為自己從中獲得與某個人物接觸的機會。她如此形容那名人物：「與眾不同，但並非人類。」或許我們可以說是外星人。

……一時間，我看見了一個在懷孕初期流掉的寶寶。那時我還只是個年輕的成年人。由於那個小孩我本來就不想要，只是意外懷上，加上自己還太年輕，所以心情沒怎麼受影響，之後也不再想起，可是這個孩子就在這個無形世界之中，對我說：「謝謝您讓我去投胎。」

而後，在另一個情境裡——也是讓我印象最深刻的時刻——我與一個與眾不同的生物（非人類）接觸了。那個生物是藍色的，身體非常瘦長，眼神溫柔而善良，我可以感覺得到這個生物的智慧；一種生活、內心的智慧，以及深度……一個充滿學識的生物；一個我會說是高度進化、非常純潔、毫無邪念、有愛無惡的生物。很美，很令人感動……我與這個生物有強烈的連結，一種充滿光明的連結，就像有燈管透過第三隻眼——心輪、尤其是雙手——讓我與他連結。我接收到了一股「波浪」型態的能量。自從催眠通靈之後，這個生物經常來看我，特別是在我上瑜伽課的時候。當我進行冥想時，我感覺到他是一位全新的指導靈，一位全新的盟友。他傳授給我許多我並不知道究竟是什麼的東西。

我感謝那些自這場催眠通靈之後前來看我的生物，也謝謝宇宙與生命讓我能夠經歷這些如此富足的時刻。關於我的見證，只要您覺得傳遞出去是有益的，可以完全或是部分分享出去，只請您別公開我的姓氏，考量到我自己的職業，匿名是比較好的選擇。畢竟某些人還沒準備好，要是知道我指導的是他們的小孩一定會感到害怕（特別是我還是在一間私立學校任教）。我並沒有意願，也沒有力量進行對抗，或是提供任何解釋與證明。我要向您與迫害您的人對抗的決心致意。

——奧菲麗

二〇一九年三月二十三日於坎城接受催眠通靈

在浩瀚無垠的宇宙中，我們是唯一的生命嗎？要是您認為不是的話，那麼外星人是如何與我們溝通的呢？而在這種狀況之下，催眠通靈是否可以成為一種與外星人接觸的方式呢？

我並不奢望自己有辦法回答這三個問題，但是這並不妨礙我提這三個問題。

史蒂芬・霍金（本世紀最卓越的數學家之一，卒於二〇一八年三月十四日）對於外星人可能的存在，提出了一個符合邏輯且理性的推論。他認為，就宇宙假定的尺寸而言，很有可能在某一處存在著和我們的智慧起碼相等的生物。

因為外星人沒有與人類接觸，便認定外星人並不存在的推論太過簡單化。而這也可以說我們的存在是無關緊要的，而且完全缺乏吸引力。一個進化程度比我們還高的群體，與人類維繫關係能有什麼好處？如果他們嘗試跟我們結盟，無論是用哪種形式，對我們這些理解力平庸的人類來說，會不會反而帶來煩惱？我們是那樣地無知，以致於連自己的大腦是如何運作也沒辦法瞭解！我們把時間花在自我摧毀，也以對環境不敬的方式，汲盡我們的能源，摧毀我們居住的唯一星球，這可是一點都不明智！我們還自負地以為自己是整個宇宙間唯一的生物！誰會想要與這樣的蠢蛋往來呢？

這種外星人對我們這個可憐星球上的居民毫無興趣的感覺，正是亞蘭・畢同二〇一九年二月一日於土魯斯接受催眠通靈時的體驗。當他在星辰之間漂浮之時，遇見了幾個外星人忙著組合白色、幾乎透明的結構，一道藍色的冷冽光芒灑在他們背後。這一群屬於另一世界的個體，像螞蟻一樣忙碌，亞蘭置身其中，看著他們繼續工作，對他視若無睹，有種他們正嘲笑著他的不快感受。亞蘭在心得報告中提到自己與其中一個進行了一場心電感應的對話。

「您好，我正在進行催眠通靈，不過既然你們在這裡，可不可以告訴我，以你們的科技是否有辦法停止地球上所有的暴力呢？」

「不行！」

「你們的科技能否停止所有的戰爭呢？」

「可以！」

「謝謝，請繼續吧，我得走了，我聽見醫師叫喚我們的聲音……」

那個外星人對亞蘭微笑的同時，仍繼續忙著組合結構，彷彿才剛回答完一個五歲孩子的天真問題。

二〇一五年，史蒂芬．霍金參加「突破倡議計畫」：這個關於科學與技術探索，為時起碼十年的計畫，將透過無線電尋找外星生命的存在，並且在利用最先進的無線電望遠鏡進行長時間的觀測之同時，發送信號，表明地球上有我們的存在。當然這一切都得歸功於可觀的預算才得以進行。這也是今日這類型的研究調查當中最為重大的計畫。在這方面，史蒂芬・霍金表示：「要是有一天，我們接收到了這個計畫發送的訊息回覆，希望我們的文明還有時間稍微進步。對上比自己的文明高等的文明，讓我們處於一個不利的地位，就像是美洲印第安人對上哥倫布那樣。」

另一個可能性——而且是個不容忽視的可能性：或許外星人已經混在人群之中，在我們毫無察覺的狀況下，對我們人類進行研究。

克麗絲黛・法耶・顧提耶在二〇一九年四月二十六日於里昂接受催眠通靈時，透露了一件事情：她造訪了另一個星球，而且認為那個位於太陽後方的星球就是自己的來處。克麗絲黛回到了自己的家，那裡的建築物非常現代化，是半透明的，而且完全融入一片豐富茂盛的大自然之中。他們邀請她利用冥想或是睡覺到那裡充電，洗清她選擇投胎地球後的經歷體驗。

還可以考慮一個不同的假設：外星人認定我們的行為對於宇宙的平衡造成危險，所以經常與我們接觸，以傳遞各樣的警告訊息。

二〇一八年七月十六日，梅蘭妮．哈曼於聖伊波里特參加一場催眠通靈。在這場活動上，有兩名參與者在心得報告時間對我們說起外星人的存在。他們描繪外星人的方式完全一致：具有人形、體型瘦高、長形頭顱，頭頂體積頗大，一雙漆黑大眼，嘴巴很小，沒有耳朵。其中一名參與者指出他們的皮膚與魚肉相似。另一名參與者同意：「對，就是這樣：灰灰的，很光滑。」這些瘦長的人物透過心電感應傳遞訊息給選中的兩人：「請好好照顧地球，你們正在摧毀它！」

……我感覺自己在另一個星球。眼前影像都像負片一樣，到處都充滿了藍色、綠色等等顏色的磷光。四下無人，我開始叫人。我對自己說：慘了，沒有用！接著，在迷霧之中隱約出現了一群身影。我非常訝異，因為我完全沒預料到會看見這種樣子的人！那些人的身影逐漸清晰。很瘦，是灰色的。當我看清楚他們的臉孔時，才知道他們不是地球人！一對如傳說中的黑色大眼，看不見耳朵與嘴巴……他們顯然也因為我的出現而訝異。我沒有接收到任何訊息。他們和另外兩名催眠通靈參與者在活動結束之後所描述的瘦長人物是一樣的人嗎？

善良的外星人在我們睡覺、冥想時，甚至是接受催眠通靈時，為我們進行能量治療，並不是不可能的。

傑哈・胡耶就是這樣想的。他曾經因為觸電而有了瀕死經驗。觸電留下了一些後遺症：步行距離縮小，視覺敏銳度縮減。他於二〇一九年三月二十三日參加催眠通靈。過程當中，他靠近了一個陌生的星球，接著置身在一群穿著白衣的生物之中。

傑哈看不清楚他們的臉孔。這種治療者穿著白色長衫，非常親切，而且散發著一種他深切感受到的愛。接著，遠方出現了一個光明的實體，隨著距離拉近而不斷放大。他的心裡感受到了愛。真的很有力量，而且那個實體放出的光越來越強烈。淚水自傑哈的臉龐滑落，他感覺到內心升起了一種強大的幸福感。

當觸電受害者回到意識正常的階段時，他的身體抖動了好幾分鐘，一如當日意外發生之時。他在催眠階段出現的肌肉強烈痙攣，引發了廣泛性癲癇，他的紅手扶手椅也為之振動。

接著，一切快速地回歸正常，而這位參與者感覺自己精神十足。他在那封長信的末尾寫著：

在這場美妙的體驗過後的隔天，在退潮時，我走路去釣魚。我並沒有留心自己走了多少距離，可是我與海邊大概有一公里半的距離，算是頗遠的。自從二〇〇四年之後，我的移動距離如果大一點的話，就得依賴拐杖才行。而那一天，我來回共走了三公里，而且沒有任何不舒服。而這種體驗隨著我的步行距離加大而不斷更新。

在意外觸電之後，我還發生了兩次血管意外：一次是靜脈栓塞，另一次則是玻璃體出血。不過自從接受過催眠通靈之後，我發現我的視力有很大的改善。

這些改變，就是託您的福才能擁有的美妙體驗所帶來的好處。我非常地感激您和您的團隊，我已經準備好要參加第二次了。

不用再跟你們多介紹安妮涅絲・史戴林了吧？她是兩本出色暢銷書的作者：《從痛苦到溫柔》以及近期的《受傷靈魂的光彩》。在她的催眠通靈過程當中，不僅遇見了所有已故的親人，還看見了外星人。

這位能量心理學家認為他們是天狼星人。

天狼星距離地球超過八光年，是夜空裡最閃亮的星星，而且不論從地球的哪個方位，都看得見。某些研究人員，像是米歇爾・薩拉、亞歷斯・寇尼耶，還有賽門・帕克，並不排除這顆星球上住有「天狼星人」。

以下是她的報告中提及外星人的片段：

……我接收到許多內容豐富的訊息。

我很開心地發現所有已逝的重要親人都來了。這一切，都在一片喜樂與絕對的平和當中進行。

這真的非常珍貴，而且無限的平靜。

我還看見某些自己認識已久的人。聽說他們都是天狼星人。天狼星人的身體線條纖細、極長，而且還會發出非常明亮的光芒。

他們立刻來到了我面前。

在光芒背後，我看見他們與我們有著相同的身體構成物質。地外人類的外表總會令人有些恐懼，可是他們的狀況並非如此。我很開心，因為儘管他們的外表如此，我還是看得見他們的智慧、溫柔與力量。

我很開心能夠趁著體驗催眠通靈時認識他們。

對於你們所做的一切，說謝謝是不夠的。

催眠通靈是一種讓人接受靈界存在的有力方式，而且有可能憑藉著一場活動就會產生這樣的結果。這種直接的體驗比諮詢靈媒的體驗還來得有效與有說服力。雖然一位好的靈媒有能力傳達某位逝者詳細的確認訊號，然而諮詢者總還會對於訊息取得的方式有所疑慮。要是這些私人的訊息來自於關係人的話，這種疑慮便會一掃而空。

寫這份心得給我的催眠通靈參與者，她的先生本來不應該會來的，可是宇宙自有安排。他的某位表妹覺得還沒準備好進行體驗，在最後一刻放棄參加；為了不浪費入場券，他單純出於好奇地代替她參加催眠通靈，想看看催眠通靈到底是怎麼回事，也不想放過嘲笑這種活動的好機會。這位老兄不諱言地表示，這種催眠通靈會都是「蠢東西」，所以他可以向妻子證明要多天真才會相信這些「蠢話」。

只是一切都出乎他的意料。當太太的體驗算是普通有趣時（雖說如此，她還是感覺到自己橫向懸浮在自己的軀體上方，還三度感覺到有人摸了她的前臂），先生反而有了一種相當特殊的體驗，而且直到今天還令他情緒難以平復。那位愛誇口的無神論者，從此相信靈界的存在以及平行世界。他的妻子寫了封電子郵件給我，以下就是郵件內容：

醫師您好：

首先，我得謝謝您和您的研究，讓人敞開心胸，並且讓有喪逝之痛的人能夠獲得安撫。

我的母親因為乳癌併發腦膜炎，於二〇一七年九月九日過世，距離她的六十歲生日只有五個星期。對我這個求知慾旺盛的人（就算有些事情超乎我們的理解程度）來說，您的著作和您的研究，給了處於悲傷中的我，以及我的精神莫大的援助。您給了我希望，打開了我的心胸。

我的催眠通靈體驗並沒有獲得成果。雖然我完全進入催眠狀態，可是卻沒能與我想見到的逝者接觸。我只是在暗示我們走上無私之愛的階梯時，有東西吸著我的腹部，而後便感覺自己橫向懸浮在自己的軀體上方。回歸之時，「有人」拍打了我的右前臂三次。就這樣而已，不過已經非常……

我今天寫信給您是為了和您說說我先生的體驗，也就是那個打呼聲超大，還跟您說自己睡得很飽的人。

正常來說，他不應該去那裡的。只是因為我的表妹覺得自己還沒準備好參加這場體驗，而且坦白跟您說，他只是為了不想浪費入場券而已。而且他其實還暗中希望透過嚴格而明確方式向我證明「這一切都是蠢東西」，我太過天真才會相信這些蠢話。他對您的認識僅限於您的著作——只有在他心情好的時候，才願意讓我向他說起您的著作。

在集靈保護我們大家之時，他牽著艾提安．杜邦的手，感覺到似乎有電流流過。

當大家就座之後，他很快就進入了催眠狀態，都還沒聽見暗示，他就已經直接出發了。一開始，他看見許多張臉孔從他面前逐一閃過，可是他誰都認不出來，因為速度太快了。整場催眠（總共花了一小時二十分鐘，可是他以為只有十五分鐘）當中，他感覺到一名女性的纖柔雙手握住了他的手。他從中感受到了一股強烈到令他至今還無法安穩的愛。

他飛越了我們童年時居住的城市，還有一座公園。公園裡有幾個孩子在玩耍。他還意外看見他母親養的狗。這隻狗兒得了犬瘟，可是眼前的牠很健康、很開心。而後到了降落的時刻，當他即將與自己的軀體結合時，卻發現自己在我、我妹妹的軀體上方，一名年輕女性也現身了。她長得和我很像，一頭長捲髮偏義大利風格的外型，不過也和我妹妹一樣纖瘦。她指著我和我妹妹，透過心電感應對我先生說：「告訴她們，她們都是我的姐妹。」她看起來很幸福，可是他卻感受到她因為沒能與我們相認而萬分傷悲。接著，我先生與自己的軀體結合了，可是卻是在一種強烈的搖晃之中結合的。他以瘋狂的速度盤旋，速度快到以為自己會吐出來，甚至死去。他並不想回來。他回來之後，什麼都沒有了，那種頭暈不舒服的感覺也已經完全消失。

得說他已經忘記不少事情。像他已經好久好久不曾想起那隻名叫羅西的狗了。他也從不知道，我妹妹和我弟弟中間，原本應該還有一個孩子（我是老大），只是我的親生母親在懷胎四個月的時候流產了。

至於我的部分呢，我本來就沒有多大的期待，不過他在催眠通靈前後是不一樣的人。他還是一直處於錯愕的狀態。我很開心他能夠代替我擁有這種體驗——起碼現在的我，可以確定這一切都不是我們的意識對我們玩的把戲。嚴格來說，他事前並沒有任何期待，可是您看看他體驗到了什麼！我們每一個人都錯了。他這個無神論者認為死後什麼都沒有——應該說他以前是這麼認為的……

現在他開始找催眠治療師，想要拾回在催眠通靈活動當中遺失的記憶。

我參加活動是為了知道我媽媽過得好不好，因為我很擔心，我怕她會覺得寂寞，很想念我們。我得說我們是她的世界。她的家庭是她的一切。您不認為我的問題已經有答案了嗎？當我爸爸知道這些之後，情緒激動。我也還是十分感動。有一個妹妹在靈界等著我們，並且照顧我媽媽，夫復何求呢？

醫師謝謝您，我們很快就會再見面，因為我們確定還會再來。

——瑪麗・吉貝

向其他的可能性敞開心胸

催眠通靈並不是為了展現或是證明什麼而存在。它是一種工具、一種探索我們意識（我們那看似比想像還來得完備許多的意識）的方式，更是一種人類經驗，如同信仰，完全不需要科學的證明。

從此以後，吉貝先生會認為死後還有生命，靈界也確實存在，但是關於他的催眠通靈內容其實沒有任何的客觀證據可以加以證明；那單純只是一場讓他有機會徹底改變對於這些特殊問題之看法的親身體驗罷了。

不過，對於其他方面，他很可能就此敞開了心胸。

在面對催眠通靈或是其他從靈界傳送來的訊息，也需要這樣的態度。有的人會說，沒有接收到他們的逝者所留下來的任何痕跡；但其實，只要他們不對這項可能性打開心胸，就不可能接收到，並且還會繼續抱怨下去。

吉貝先生在我們的活動中打開了心胸。他體驗到了特殊的感受：當我們祈禱集靈時的那股電流，以及在催眠狀態之中，一隻無形的手握住他的手時，他所感受到的那股十分強烈的愛。

是的，要是我們得以用一句話概述催眠通靈的首要目標，會是我所選擇的這一句：向其他的可能性敞開心胸，給它們一個機會。能夠做得到的人，他們的催眠通靈也將會成功。

皮耶・拜婁德愛斯提瓦於二〇一九年二月二十四日接受催眠通靈。他寫了一封長信向我敘述他的體驗心得。開頭寫著：身為工程師，和你們一樣是理科人，所以你們一定能夠理解——我想——有機會質疑自己四十五年來的習慣，對我來說，是多麼地困難與不可思議。

一如前述的事例，當他報名活動時，可以說內心仍抱持著某種的懷疑。然而他以一種優美的方式，為自己的長篇記述下了結論：

您一定也注意到我花了幾個星期寫下這份見證。首先是因為我本身並沒有真正相信，或者更正確說來，是因為我還在以邏輯分析這場體驗。

要是在幾年前，我會說這看起來是利用催眠操控心智——這類的事例早已存在——或者是因為渴望太過強烈，以致於我的潛意識趁著催眠，將我的期待具體化……這些疑慮，只要找到解釋就可以消除……起碼我們是這樣以為的。

今天我會說，在這場活動中體驗到的情緒，簡直強烈到不可能是心智甚至是潛意識建構的產物。而我也接受了沒能全盤理解的現實，因為這些事情只能體會，無法解釋。最重要的是後續的感覺很好，無論是基於何種原因。再次為這場獨一無二的體驗向您道謝。

接下來，我們不如來看看他出色的心得報告吧。

說說看，到底是什麼促使我來到這裡的？

答案很簡單：是我的生命歷程。

二〇一五年我祖父的去世，對我影響很大（我想，就像許多人一樣吧）；而後到了二〇一七年，我經歷了一件非常痛苦的事（這一次就不會有那麼多人和我一樣了，也好）：我的前女友和一個精神出狀況的人同居，結果那個男人竟然殘忍地砍了她五十七刀。

我在危急之際救出了我的兒子泰奧（現在已經十五歲了）：可想而之，在他們爭吵時，他一定也想要居間調停，但要是他真的這麼做了，結果如何悲慘將難以想像。

記得在悲劇發生前的那幾年，無論我怎麼努力，彼此的關係仍舊很緊繃，最後我只好讓兩方維持最低程度的往來，以保護我自己和兒子。也就是在這期間，我開始讀許多心靈成長的書籍（《聖境預言書》、《當下的力量》、《牧羊少年的奇幻之旅》等等），也見了其他領域的人（中醫、催眠師、心理醫師……）、也進行冥想……當然，這一切都在二〇一七年，當我感覺到需要為人生找到意義、瞭解自己的人生中（特別是兒子泰奧的人生）發生一場如此的大災禍能為我們帶來什麼幫助時，讓我更渴望朝往這個方向探索。

有人提到吸引力法則，還有我們的思想與意念可以創造我們的未來，可是這一樁不可思議的突發事件讓一切都產生了疑問。我不得不承認曾經問過自己：是誰或是什麼吸引了這樣的事情出現在我們的人生中……

兩年後，我可以說是催眠、冥想、閱讀、家庭、朋友……以及我們的貓給了我新生……

我明白了許多事情，也接受自己所無法改變之事，並也找回了生活的滋味：一種甚至帶有全新且濃烈味道的滋味。我清楚理解到一切有可能在彈指之間結束……而最令我感覺幸福的是，泰奧也找回了一個完全正常——或幾乎完全正常——的人生，而這個是無價的。

後來，在網路上不停地搜尋、游移，讓我找到了您的臉書專頁。

我買下您那本關於小孩與青少年面對即將來臨的死亡的書，並且十分後悔沒能提早拜讀，因為當初我得獨自向泰奧宣布他媽媽死亡的消息……然後我對於催眠通靈產生了興趣，但卻不清楚原因為何——畢竟我也是近來才學會不為一切尋找解釋——所以我想要體驗看看。我覺得自己已經準備好談論我的前女友。

您在開場時主張不要抱任何期待，我覺得很難做到，事實上，我的內心急切地期盼「魔法」發生！

事實上，一開始大家所圍成的圓讓我相當在意，就算我很瞭解這麼做的用意為何，我的心智依然有力地運作著；在那當下，我的心裡滿是各式各樣的問題：這些人來這裡想要得到什麼呢？如果這是個教派活動怎麼辦？要是我旁邊的那個女人不停用她的負面能量轟炸我怎麼辦？隨後，我選擇好好地活在當下，不再多想。畢竟我的太太知道我人在哪裡，而我也是心甘情願來到這裡的。

接著，我把催眠活動當作是一場冥想活動。

我深呼吸，淨空自己的內心，接受環境雜音，以及我的「嘮叨內在」的闖入，任由您的聲音與背景音樂帶領。

沒多久，我就雙手發燙。這是一種前所未有的奇異感受。

我很快就「坐在雲霧中的一張長椅上」。這是一個奇怪的地方，明亮但沒有形狀。氣溫炎熱，我心裡的舒服，只有與所愛之人在所愛之地可以比擬，但又比那更加強烈。我心情大好，而且對於時間與空間也已經沒有了概念。

當我坐在長椅上「體驗」這個未曾見聞過的地點時，我的前女友現身了。可我並沒有立即發現是她，因為在那當下，我只看得見這個環境的形狀與色彩——其實在活動的前一夜，我於睡夢中見到一模一樣的場景。她的頭髮梳得很整齊，化了淡妝，穿著她最愛的洋裝，在這道炫目的光芒之中，站在我的面前。我把心裡的話對她説，還告訴她不要擔心，因為我會好好照顧泰奧，一切都會很好的。我情緒激動得哭了。她不回答也不説話，就只是將她的手放在我的頭上，彷佛告訴我「我知道，沒關係，你別擔心」。我的內心深深地感到了一陣輕鬆。

就如同我之前的催眠體驗，我的內在產生了一種介於意識與潛意識之間——您可能會説是介於腦意識分析與直覺意識之間——的感覺；一種似乎自己正漂浮在兩個世界之間、且難以形容的感覺。

我覺得自己曾經短暫地微微恢復了意識，您的話語聽起來更真實了，而那股灼熱的感覺減弱，環境音——像是咳嗽——也變得更清楚了。

接著，我的心中突然再度湧起一陣強烈的情緒。我又回到了這個明亮而炎熱的地方。

我試著辨認出結構、熟悉的形狀和人，卻完全沒有成功。

我看見自己面向著長椅坐在地上，將頭擱在我知道是我奶奶（她於二〇一四年過世）的膝蓋上——我小時候會做這樣的姿勢，只是我已經忘了。我並沒有看出她的外表模樣，我們也沒有交談，可是我知道是她，感覺得到她的存在。然而除了這段漫長而有意思的平靜時刻之外，什麼都沒有發生。

在催眠通靈結束之後，當其他參與者還在逐漸清醒之時，我到廁所去，獨自一人在廁所裡。

我聞到了——相當驚人！我竟聞到前女友的香水味，可是廁所裡確實沒有別人在。而您在開場白提起這個例子時，我更是訝異，但我只是告訴自己，我根本記不得她擦什麼香水了……

某些中傷我的人宣稱，我根本不敢讓外部的科學委員鑑定催眠通靈。這當然是錯的，因為我申請過鑑定。

二〇一八年十月的時候，我們到比利時布魯塞爾與艾瓦耶舉辦一系列的催眠通靈會。我突然心生一念，邀請史蒂芬・勞瑞斯教授[8]參加其中的一場。這位優秀的比利時醫師多年來對於催眠與瀕死經驗非常感興趣。在這個他本人最喜歡的領域之中，他的名聲斐然，並且還在列日市開設了大學學系，專攻意識功能研究：昏迷科學組（Coma Science Group）。

幾年前，我曾與他同台錄製一齣關於瀕死經驗的比利時電視節目，所以我知道我們倆對於意識的理論觀點並不一致。勞瑞斯教授有意讓自己保持唯物主義論調，他會利用隨身攜帶的塑膠大腦模型，說明意識改變的狀態。

我曾在法國第五台某齣探討瀕死經驗的電視節目上說過，勞瑞斯教授的研究非常有趣，因為儘管他用遍了各種可行方法，在幾年之後依然無法證明瀕死經驗是大腦因為缺氧失調所出現的幻覺。

關於這場催眠通靈會，勞瑞斯教授禮貌地拒絕了我的邀請，但他請兩位昏迷科學組的女性成員代替他進行體驗。這兩位成員從頭到尾參加了那場活動。儘管沒有發生任何與她們有關的特別事情（想必她們太過於專注在分析催眠程序，而非個人體驗），她們還是告訴我們，某些人在心得報告時所發表的見證很不可思議，她們聽了相當訝異。

我們後來的簡短討論催生出一項相當有趣的研究計畫：將催眠通靈參與者的體驗與那些有過瀕死經驗者的體驗交互參照比較。可惜計畫最後在我們不樂見的情況下生變。

科學證明總是以不可逆的方式摧毀所有的信仰。當我們能夠以理性的方式證明地球是圓的、圍繞著太陽運轉時，地球是平的、位於宇宙中心的信仰便

---

8 Steven Laureys：比利時神經科醫師，於意識神經學領域為全球公認之頂尖臨床醫師與研究者。

無可逆轉地完全消失無蹤。不過當那個革命性的新發現提出之際，這可是全世界人人虔誠相信的信仰——除了伽利略之外。在當時，他可是被當成一個得除之而後快的危險江湖騙子。

今日，大多數的人相信意識由大腦產生。將來有一天，當我們讓某個人接受大腦移植，那個人醒來的時候，擁有初始的意識，而非是捐贈者的意識，就可以證明意識是神經元外，而且物質消失之後，可能還有生命。根據此一領域的頂尖專家，這種醫學功績指日可待，大概再等個一百多年的時間就可以達成。

二〇一六年的時候，幾名中國外科醫師將一隻猴子的頭顱移植給另一隻猴子。這項手術是幾十年後人類進行換頭的第一步。猴子在接受移植之後活了二十個小時。這項成就是由任曉平教授領軍的團隊所達成的。任教授是中國哈爾濱醫科大學的手顯微外科中心外科醫師。二〇一五年華爾街日報中，這位未必可信的先驅者宣稱已經進行了上千例老鼠換頭手術，而某些接受移植的老鼠能夠移動頭部、張開眼睛，甚至是喝水。只是沒有任何一例能存活超過數分鐘。

義大利神經外科醫師塞吉歐・卡納維羅接替進行這項驚人的實驗。他宣稱：「這是人類真正的勝利！」他自二〇一三年開始，便對於換頭計畫相當有興趣，同時還提出了一種名為「天堂」（頭部接合手術）的手術程序：切下動物的頭部，同時利用矽膠管維持動物的動靜脈血流；將移植者的脊髓與接受者的頭部，以一種「組織膠」（以聚乙二醇與幾丁聚醣──源自於甲殼動物的甲殼之醣類──為基底）黏合在一起。這種分子據信可修補截斷的神經纖維。

接著，透過電流刺激神經元重新連結。與此同時，大腦會以一種成分保密的化學物質進行保護。在美國馬里蘭州安納波利斯市的美國神經外科與骨科學會會議中，塞吉歐・卡納維羅向在場的一百五十名專家保證，經過無數次的老鼠實驗之後，他知道如何透過他那厲害的生物科技凝膠讓脊髓的神經組織重新接合。不過，那些專家對他的示範解說表示懷疑……

醫學教授貝爾納・德沃雪於二〇〇五年完成法國首例的換臉手術。他受到上述的實驗啟發，設計出了一種手法相當前衛的手術，那就是換身體，而非反過來，也就是將腦死病人的健康完好身體換給某個生病、癱瘓或是罹患其他不治之症的人。不過這不禁令人猜想，接受手術的病患，其最終人格特質會是如何？是會接近腦死的那個人，還是癱瘓的那個人，還是兩方的混和？

大腦移植是換頭的額外階段，因為就算有朝一日換頭手術已技術上可行，也將引發嚴重的倫理問題。事實上，捐贈者的大腦必須能正常運作，也就是活的大腦，亦即，若是預計利用這種器官移植手術，讓一個甫失去生命之人重獲生命，就得殺死某個人，這實在令人無法想像！就算這種手術短期內在技術上是可行的，我們仍可以發現，想要透過這種外科手術找出神經元外意識的證據，並非是一朝一夕的事情，但也可以期待——從某些醫學的濫用事例來看，一切都是有可能的。

假死經驗與催眠通靈讓我們以一種比切頭顱這種黑暗的故事更為優雅且較不痛苦的方式，從神經元之外探討意識的起源，但是，那都只是某些人的見證，且也無法視為科學證據。只是我們依然得注意到這些見證的重要性——當事人在體驗催眠通靈之時，接收到了他們不可能得知是真是假的訊息。我們曾經提及某些催眠通靈時出現的事例，然而那些事例也會出現於假死經驗發生之時。例如喬・莫澤爾詳細地描述出手術台下有一塊板子，他在麻醉時就躺在那張板子上；艾本・亞歷桑德在陷入深度昏迷時，看見一位陌生的女子，後來在某張照片看見她的身影，才發現那是他已逝的親姐姐。還有潘美拉・雷諾描述了因為大腦缺血而進行低溫療法時的手術器材，以及手術時間。這三個例子是最有名的例子，而我的其他作品當中還列舉了其他十幾個例子。

6

感受內在沉默的訊息

能夠成功體驗催眠通靈的人，都懂得傾聽自己的沉默。

沉默可貴而獨特，尤其是在我們當今的社會裡。

催眠通靈能夠獲得如此不可思議的成功，是因為那是一種讓我們的內在聲音——那個總是不斷地分析、衡量一切，一刻也不願意停止嘮叨的聲音——安靜下來的簡單而有效的方式。

人們已經不再懂得傾聽自己內在的沉默。內在的沉默，是農夫瞇著眼觀察著天際；是牧羊人拄著杖，不再看著自己的羊群，因為他不用計算，就知道那些羊兒在哪裡；是一個老人坐在柴燒得劈啪響的壁爐前；是讓我們眼睛直視，卻又沒注視著什麼的東西。

「你又在神遊了。你沒聽我說話。你在想什麼？」

「媽媽，沒有，我跟您保證，我沒在想什麼。」

這個身體動也不動，眼神呆滯的孩子沒說錯，他是真的沒在想什麼；他連思考也沒有，也沒有分析什麼。他只是處於「接收」模式，並且順利地與他的腦意識分析中斷連線，與他的直覺意識連線。千萬別打擾他，不然對他來說就太可惜了。

對成人也一樣——而那甚至是夫妻、情侶間無止境爭吵的源頭：

「你在想什麼？」

「親愛的，沒有，我沒在想什麼。」

「為什麼你不跟我說？」

「你知道嗎，你真的很煩……」

別再打擾那些眼神呆滯的人，別吵他們吧！

當我們早晨一睜開眼，分析就啟動了，就這樣過了一整天，直到晚上我們累了，睡了，完全沒有接收任何內在沉默的訊息。

其實，我們與外在訊息超連結，與手機或是平板電腦緊密相連，而某些人走在路上更像戴著耳機的機器人。我們讓多重網路的波段包圍著自己，穿越了我們的肉體，讓我們的肉體充滿了因壞消息自滿的媒體所傳播的負面能量。

所以——是的，這一小時二十分鐘傾聽自己的內在沉默，對每位催眠通靈參與者來說，是真正的救生圈；是一種新發現；是一種啟示。他們知道了自己的內在擁有這種非凡的可能性。

每天總會有不斷出現的分析訊息傳送到我們面前，事實上，這反而阻礙我們正確地接收訊息。

因為這種分析方式，是依據我們的學識、恐懼與憤怒，對所有的數據進行過濾、修改、審查。所以，我們得要觀察那些資料的原始狀態，而不任意評斷，否則我們的思想就會塞滿這些評估。這種不間斷的反覆思考，會使我們無法領會所接收到的訊息本質。

因此，我們應該自己只是單純歡迎事情的到來，讓自己能自由體驗心底最深層的感受。

靈感與直覺，便會因這種方式而出現。

是的，朋友們，讓我們不帶任何評斷心地觀察與迎接一切吧。

請看看潺潺水流。

腦意識分析抑制了直覺分析……

7

對死亡的恐懼

天底下所有革新的思想與概念，必定會經歷三個階段：認定為可笑，而後是危險，最後，則是成為顯而易見的事實。對此，有許多的事例可以說明，像是婦女投票權、地圓說等等。催眠通靈也列屬於其中，因此，自然遭到某些人認定為可笑，甚至是危險。

經常有人說我很勇敢，能夠抵禦得住所有把我當箭靶的惡劣攻擊。

不，我其實並不勇敢。

其實，如果一個人連死都不怕時，還會有什麼好怕的呢？

怕死，是源於分析死亡對我們所代表的意義：我們都知道生命終會結束，但更多時候的恐懼是來自害怕或長或短的身心痛苦。而那些怕死的人，都是因為（腦意識）分析一個或遠或近的未來，當他們感受到這種恐懼，或應說感受到這種焦慮時，當然都還活在人世，也沒有直接面臨死亡。但事實上，大部分的見證都顯示，在那個關鍵時刻來臨時，一切都並非如同我們所預想的令人畏懼，其實是個美好、充滿愛的時刻。

所以我們沒有任何理由害怕死亡。

8

我如何走上這條路？

經常也有人問我，是什麼原因促使我送一萬人到靈界去。

老實說，這個神祕的問題我從來就找不到有效的答案，而且我也相信，就算經過了十年或二十年的心理分析，我的結論也依然相同。我甚至堅信，這個答案並不存在於我的大腦之中；不存在於我的童年或青少年的記憶之中，也不存在於我的成人生活創傷之中。是的，答案並不在那裡。答案是「神經元之外」（extraneuronale），亦即存在於我的大腦內容物以外。

其實我是被放在這條獨特的尋覓之路——或者應該說，「有人」把我放在這條路上。或許你們會問，那個人是誰？唉呀，我不知道，我只知道一系列的確切事件導致我開設這些活動，要是沒有某些狀況，這一切也就不會發生。

比如說，假若我們家的家庭醫師沒有那麼有魅力的話，我也就永遠不會許願當醫師。

這位白髮、穿著黑色外套，來家裡替我爸爸注射大概是阿托品的先生，對我來說，是某種活神仙。當時我的年紀只有十多歲。我在廚房的窗戶後等待著他的車子輪胎所發出的嘰嘎聲出現，同時祈求上天讓他能夠及時救我爸爸。

他以一種引人注目的方式進入舞台，就像我們在小型黑白電視機所看到的影片當中，那些英雄人物登場時一樣。他開的大車發出吵雜聲，如同警車阻擋壞蛋那般，咻地滑進了我家門前。每一回他的神奇診治，都能讓我那心律過慢的爸爸瞬間從昏迷當中醒來。

我很想成為像他一樣的人，所以從事了與他相同的職業。當時，有人這樣對我說（而且一直重複地說，直到我拿到了畢業證書為止）：「你選擇了一個很好的職業，可是只有醫生的兒子才會成為醫生，可憐的孩子，你永遠都當不成醫生的！」然而這些話並不能讓我卻步。

童年時期的這件事相當具有決定性，可是，這位超人——這位醫師，到底是誰派來給我的呢？

是誰藉我爸爸的病，讓這位醫師成為我眼中的理想人物、一個好榜樣？誰？是誰呢？

而後，是那個二十歲的年輕人。當我試著為他進行輸液，避免他的心跳停止時，他在我眼前斷氣了。那是一場在救護車上所進行的急救。當時，我正在實習，想要讓自己在急救的領域能夠更精進，因為我想成為一名小鎮醫師。但是在他斷氣的那一刻，我感覺到了這件既不可思議又無法言喻的事情：他的靈魂離開了軀體，往靈界而去。而這件事改變了我的人生，讓我決定成為麻醉科暨急診重症監護醫師，讓自己可以將臨死經驗研究透澈。

所以，是誰讓我經歷這場可怕的體驗？是誰派這位傷者到我面前，讓我遇上了職業生涯當中最為嚴重的一場失敗？

好久之後，當我在加拿大巡迴宣傳新書（那本書已針對腦意識分析與直覺分析進行闡述）時，我的編輯建議我可以為此發起交流會。他認為除了安排好的幾場活動之外，還可以加開幾個工作坊。好啊，可是要如何截斷參與者的腦意識分析呢？我總不能中斷他們的心跳或是替他們全身麻醉吧？所以我認為這個計畫完全不可能實現——沒想到，解方竟然從天而降。

當我在往土魯斯的飛機上時，座位隔壁的乘客睡著了。他的膝蓋上擱著一本攤開的雜誌。大概讓他看到睡著的那篇文章，標題是：「催眠能解決您所有的問題嗎？」我對自己說，利用催眠減低腦意識分析的活動，對啊！我為什麼之前沒想到呢？

是誰在這麼巧合的時刻裡，派來這位信使，讓那標題清楚展示在我眼前呢？

而後，又是誰派艾提安與馬克到我身邊，讓我的催眠通靈能夠如此迅速發展？

這項計畫大致就是如此成行，不過在這三段具決定性的插曲之間，當然還有許許多多其他的共時性，讓我繼續在這條獨一無二的研究道路上前進。

得要某種程度上缺乏謙遜，才能宣稱自己是自己命運的絕對主宰。
而凡是指派給我們的道路，都等著我們踏上。
我們幾乎無法反抗。

9

繼續冒險的動力

星期日晚間的催眠通靈會才剛結束。在這座法國北方的大城市，我們只會待不到七十二個小時，而這是我們的第六場活動。有時間的話，我們很想逛逛這座城市：聽說這裡真的值得一逛。有的人甚至認為，既然來到這座城市，至少花個十幾分鐘到教堂廣場繞繞，可不要笨到馬上離開。

時間接近晚上七點。

最後一位催眠通靈參與者拖著時間，向艾提安說著自己遇上的問題，也終於離開了。

我收齊那二百五十二份問卷，放進從飯店行李寄放處拿回來的行李（因為我得在中午以前退房）。另外，還得再放進這個週末所收到的禮物，除了在機場無法通關的幾瓶酒。我將那幾瓶酒放在混音器旁的顯眼處給艾提安。那幾瓶酒隨後會搭著卡車旅行。我的兩位夥伴滴酒不沾，所以我相信那些酒將會原封不動地抵達土魯斯。

馬克拉開窗簾，原本從會場玻璃大窗洞透入的光線不再有任何遮擋。

啊，北方夜色來得早，我這麼對自己說，完全忘記時序已是冬季。雨水夾雜著寒霜，在將我們與城市光線分開來的隔音玻璃上留下白色的淚水。環形馬路異常安靜，慣常出現的紅蛇與白蛇溜滑而過，預示了下一週工作的到來。

看著對面的公寓大樓，我們猜想著一家家的人正聚在一起準備享用晚餐：在盤子裡熱騰騰冒著煙的湯；為了週一上午的計畫與孩子所進行的討論；針對睡前該看哪部電影的吵嘴……等等，而這些都是我們三人自從組成團隊之後所錯過的一切。

艾提安幫馬克拆除會場布置，拔除網路線，將連結耳機與混音器的六百公尺長電線捲好，再把全部東西都放進袋子與箱子裡。這些袋子與箱子將會塞進已編號的滾輪集裝箱子裡，再透過伸縮軌道送上卡車。他們需要三個小時的時間才能夠上路，然後在半夜裡抵達——或者沒辦法抵達——小飯店，好睡個幾小時。但是來不及要到房間，也是常有的狀況，這時候就得用上休息站了。

美居飯店的接待員送來乳酪火腿三明治與瓶裝水，告訴我，我的計程車到了。

我不能錯過我的班機，一定得在明天早上七點四十五分準時出現在手術室，為我的第一個病人進行治療。

我請他們兩人路上小心，千萬別等到瞌睡蟲上身時才停車休息。他們聽慣了我同樣的嘮叨，兩人齊聲回話：「對，我們知道，等到我們想睡的時候已經太遲了……」他們祝我一路順風。

然後我們互擁道別。

或許你會問，我們如何能夠在短短時間當中就開辦這麼多場活動，卻像是從來不會感到疲倦？

我們又如何能夠在僅僅四年的時間當中照顧了超過一萬人？

這種促使我們抵擋所有攻擊，堅決前進，同時犧牲家庭生活、工作、幾乎所有娛樂的異常精力，究竟來自何方？

這些問題一再反覆出現，並且合情合理。有些人不瞭解我們的工作成果，對他們來說，我們就像一個解不開的謎、參不透的奧祕——總之，簡直就像外星人。但是我相信，讀過這本書的人不會再提出這種問題。

事實上，那些信任我們的催眠通靈參與者，他們所提供聞所未聞的見證是我們的動力，而且永遠會是。那些見證給了人們對於死後生命的期盼，為心靈帶來安慰，也以顯而易見的方式展現了我們所擁有的意想不到的能力。要是沒有了這些出色的回饋，這一切也就不可能會有。

承蒙他們，冒險將會繼續下去。

〈附錄〉

聖五傷畢奧神父的保護禱告詞

聖五傷畢奧神父，信仰與愛的見證

我們尊崇您身為方濟嘉布遣會修道士、神父、耶穌的忠實見證

痛苦在您的生命留下了印記
愛讓您為病患與罪人而憂慮
您協助他們深刻體受聖餐禮的奧祕與寬恕
您是神面前有力的求情者，您的生命繼續
現在您繼續經由為我們求情而施善
我們倚靠您的協助
我們透過耶穌、我們的主，請求您請為我們禱告
阿門

國家圖書館出版品預行編目 (CIP) 資料

我把萬人送到生命彼岸：一個法國醫生以催眠引領眾人，前往靈界的療癒之旅 / 尚賈克．夏博尼 (Jean-Jacques Charbonier) 著；黃琪雯譯．-- 初版．-- 臺北市：遠流出版事業股份有限公司，2021.02
面； 公分
譯自：J'ai envoyé 10,000 personnes dans l'au-delà
ISBN 978-957-32-8979-1(平裝)
1. 催眠術 2. 通靈術
175.8 110001470

我把萬人送到生命彼岸

一個法國醫生以催眠引領眾人，前往靈界的療癒之旅

作　　者｜尚賈克・夏博尼
譯　　者｜黃琪雯
副總編輯｜簡伊玲
企劃編輯｜林婉君
美術設計｜王瓊瑤

發 行 人｜王榮文
出版發行｜遠流出版事業股份有限公司
地　　址｜臺北市南昌路 2 段 81 號 6 樓
客服電話｜02-2392-6899
傳　　真｜02-2392-6658
郵　　撥｜0189456-1
著作權顧問：蕭雄淋律師
ISBN 978-957-32-8979-1

2021 年 2 月 25 日初版一刷
定價 新台幣 360 元（如有缺頁或破損，請寄回更換）

遠流博識網
http://www.ylib.com
Email: ylib@ylib.com